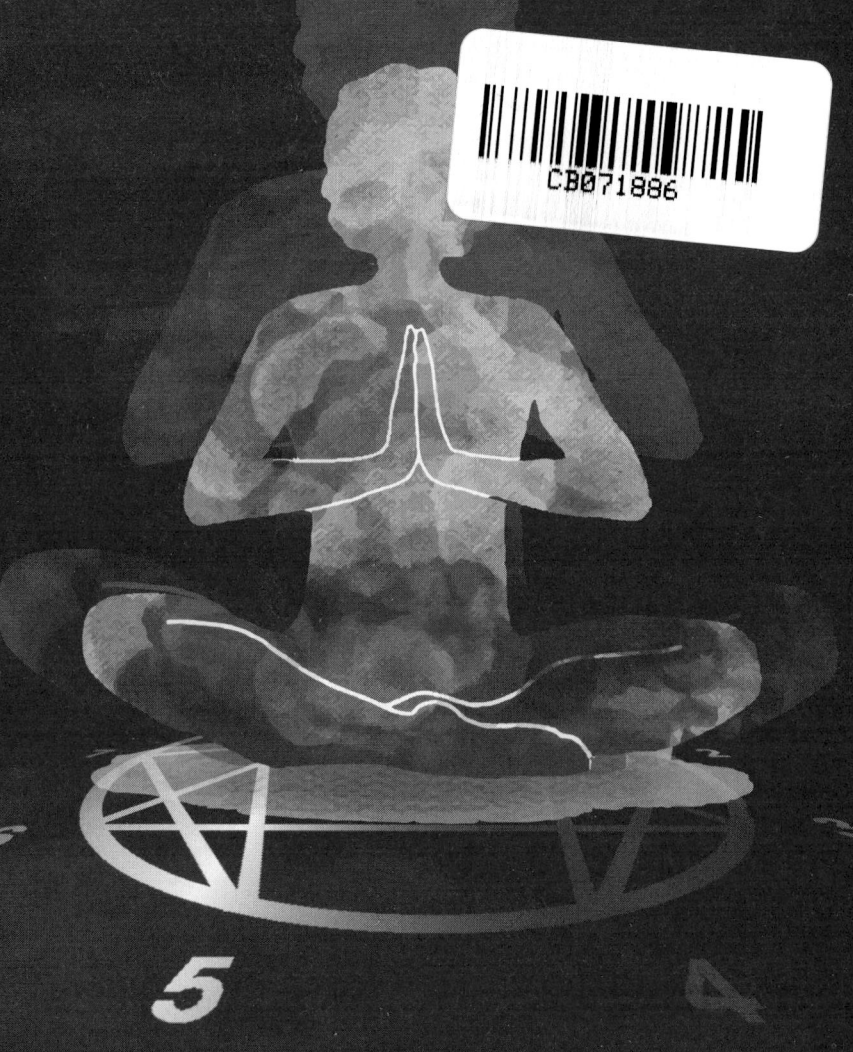

Copyright© 2017 by Literare Books International Ltda.
Todos os direitos desta edição são reservados
à Literare Books International Ltda.

Presidente:
Mauricio Sita

Capa, diagramação e projeto gráfico:
David Guimarães

Revisão:
Débora Tamayose

Gerente de Projetos:
Gleide Santos

Diretora de Operações:
Alessandra Ksenhuck

Diretora Executiva:
Julyana Rosa

Relacionamento com o cliente:
Claudia Pires

Impressão:
Rotermund

Dados Internacionais de Catalogação na Publicação (CIP)
(Câmara Brasileira do Livro, SP, Brasil)

```
Garcia, Luiz Carlos
   Acorde! : um eu dorme em você! / Luiz Carlos
Garcia & Vera Saldanha . -- São Paulo :
Literare Books International, 2017.

   ISBN 978-85-9455-020-0

   1. Autoconhecimento 2. Crescimento pessoal
3. Eneagrama 4. Espiritualidade 5. Personalidade
6. Psicologia transpessoal I. Saldanha, Vera .
II. Título.

16-08848                              CDD-155.26
```

Índices para catálogo sistemático:

1. Eneagrama : Personalidade : Psicologia
   155.26

Literare Books International
Rua Antônio Augusto Covello, 472 – Vila Mariana – São Paulo, SP.
CEP 01550-060
Fone: (0**11) 2659-0968
Site: www.literarebooks.com.br
e-mail: contato@literarebooks.com.br

ÍNDICE

PREFÁCIO - 5

AGRADECIMENTOS - 11

INTRODUÇÃO - 15

PARTE 1 - 35
ELUCIDAÇÕES SOBRE A ESPIRAL UTILIZADA NESTE LIVRO

PARTE 2 - 69
O ENEAGRAMA DA PERSONALIDADE

PARTE 3 - 181
FERRAMENTAS PARA A AUTOTRANSFORMAÇÃO

REFERÊNCIAS - 245

Luiz Carlos Garcia & Vera Saldanha

PREFÁCIO

Reza a lenda que um grupo de pessoas, andando pelas praias do Nordeste do Brasil, acampou à sombra de um coqueiral, curtindo a brisa suave dos verdes mares. Caiu um coco. Causou espanto e apreensão. Ninguém conhecia aquele fruto estranho. Os olhares curiosos se encontraram no fruto pesado.

— Para que serve isso? — perguntaram alguns.

— Talvez seja útil — disseram outros.

— Que proveito podemos tirar dele? — lembraram outros ainda.

Rolou muita conversa. Alguém pegou o coco e sentiu seu peso. Outros perceberam sua casca dura e rude. Bateram o estranho fruto em uma pedra e imaginaram a sorte que tiveram por ele não ter caído na cabeça de algum deles. Foram puxando as fibras da casca, aquele emaranhado de fios resistentes, em camadas espessas... E alguém teve uma ideia brilhante: essas fibras são ótimas! Úteis para acender fogueira, ou para adubar a terra, ou até para produzir algo diferente, como tecidos ou almofadas, quem sabe para estofamentos... E brilharam os olhos de alguns pelas vantagens que a fibra do coco prome-

ACORDE! Um Eu dorme em Você

tia. Arrancaram as fibras todas, o que não foi fácil. Ficaram encantados com a quantidade de fibra em um único coco e vislumbraram grandes possibilidades para esse novo achado.

Lá no chão de areia restou apenas uma bola de casca muito dura. Acharam que aquele miolo do coco não serviria para nada. Sua casca era dura demais, e não compensaria ir adiante nas descobertas acerca desse fruto. A maior parte do grupo, tão fascinada que estava pela descoberta e pelas potencialidades de utilização da fibra de coco, foi embora correndo, para agilizar processos aplicando o novo material.

Ficou apenas uma pessoa na praia, debaixo do coqueiral, saboreando a brisa da tarde. Adormeceu... E acordou com muita sede. Olhou aquela bola dura e áspera que restou das fibras arrancadas do coco, e uma intuição, uma sensação de estranha curiosidade veio do profundo de si mesma. Pegou aquela bola, balançou e sentiu algo líquido se mexendo lá dentro. Aumentou a estranha intuição. Havia algo lá dentro! Mas aquela casca era muito dura, não tinha como abrir. Contudo, maior ainda era a curiosidade. Logo, a pessoa viu uma pedra pontiaguda e começou a golpear com ela aquela bola de casca dura. Os golpes aumentaram... De repente, numa batida mais forte, a bola quebrou... E um líquido espirrou e derramou-se em abundância... Apesar da surpresa ela ainda conseguiu reter um pouco dele e o bebeu... Então, ficou encantada! Era deliciosa demais aquela água! Água de coco! Como ninguém tinha descoberto isso antes?! Tão simples e tão deliciosa, ali, bem ao seu alcance!

Depois do prazer daquele sabor, veio à cabeça quanto tinham sido apressados aqueles que se encantaram apenas com as fibras do coco. E seu olhar voltou-se para as metades daquela bola que continha o líquido precioso. Percebeu que havia algo mais no interior daquela casca dura: uma capa gelatinosa de massa branca, muito branca e apetitosa. Novamente sua curiosidade foi despertada, e ela experimentou o sabor. Foi mais um encantamento! Deliciosa aquela massa! O melhor do coco estava ali. A água e aquela massa gostosa! As fibras... Bem, as fibras eram apenas a proteção daquele tesouro! Úteis, sem dúvida, mas nada que se compare ao tesouro do interior!

Caçadores de coco! Somos todos nós! Alguns se encantam pelas fibras e fazem com elas coisas extraordinárias. Outros vão mais além e descobrem a essência do coco... e deliciam-se com ela!

O eneagrama é o coco. Alguém o encontrou nas praias da vida enquanto buscava sobras amenas para suavizar as agruras no calor da jornada. Estava lá, nos coqueirais, plantados por gerações e gerações que se perdem nos milênios da história daqueles que fizeram uma viagem em busca do sentido da vida. Alguns se encantaram com as fibras do coco, outros descobriram algo muito mais profundo ao ir além!

No Meeting Europeu de Eneagrama, realizado em maio de 2016, em Portugal, um slogan proferido por Russ Hudson, e repetido por vários oradores, cunhou as expressões Eneagrama Vertical e Eneagrama Horizontal. Elas são as duas dimensões do eneagrama; ambas válidas, mas inseparáveis, se quisermos respeitar a tradição dessa sabedoria e o mistério que é o ser humano. O eneagrama horizontal corresponde à visão daqueles que enxergam apenas as fibras da casca do coco, ao passo que o eneagrama vertical responde à necessidade daqueles que vão além e descobrem a essência como horizonte espiritual, capaz de saciar a sede infinita que habita o ser humano e que corre nas fontes originais dessa sabedoria que atravessa os séculos perpassando várias culturas.

O eneagrama horizontal nos dá mapas para fazer consertos em nosso comportamento, remendando a personalidade. Já o eneagrama vertical nos convida a um itinerário espiritual em busca da criança sagrada que nos habita, como imagem de Deus. Mas o eneagrama é um todo, um mapa psicoespiritual, porque nasceu da observação do humano, que é reflexo do Uno, por isso respeita sua natureza mais profunda. Mapas da personalidade, temos muitos, e são muitos aqueles que hoje se encontram a nosso alcance. Mapas da essência, são raros e,

ACORDE! Um Eu dorme em Você

geralmente, estão esquecidos ou escondidos nos porões das tradições espirituais. O eneagrama é um mapa da personalidade, claro e prático, profundo e simples, bastante completo quando enriquecido pela categoria dos instintos e pelos subtipos. Mas, como mapa da essência, o eneagrama revela-se ainda mais sua profundidade e sua clareza, dialogando harmoniosamente com as grandes tradições espirituais e guiando o ser humano na jornada de volta ao Paraíso, à Terra Prometida, à Pátria Mãe, à Fonte Divina de onde veio e para onde anseia voltar. Aqui está a excelência do eneagrama ou talvez, indo ainda além, a arte de costurar, de modo tão excelente, essas duas dimensões, tão humanas e tão divinas.

A meu ver, o eneagrama das personalidades corresponde 15% à tradição. O conhecimento dos instintos e dos subtipos acrescenta mais 15%, e a compreensão do movimento das asas e das flechas soma mais 20%. Chegamos, então, a 50%. Muito boa essa metade, muito útil e muito prática. Ajuda-nos, sem dúvida, a viver de forma mais satisfatória neste mundo. Os outros 50% da sabedoria do eneagrama convidam ao mergulho na essência. Ideias sagradas e virtudes, centelha divina que somos em nossa verdade mais genuína. A primeira parte do mapa fala do caminho pessoal que somos chamados a percorrer. É trabalho de cada um, imprescindível e inalienável. A segunda parte do mapa é o caminho da essência, e aqui o nosso trabalho cessa, para dar espaço ao transcendente que, a partir do mais profundo de nós mesmos, nos convida a uma experiência de entrega, abandono e confiança. Ação de Deus em nós, deixar-se modelar, abrir-se, entregar-se, perder-se no ser para ser verdadeiramente. Dizia Dostoiévski que "dentro de cada ser humano há um vazio do tamanho de Deus". E, se é do tamanho de Deus esse vazio, só o Infinito pode preenchê-lo. "Eras pó e agora começas a perceber que és sopro", dizia o poeta Rumi, que também falava que "a Fonte tem sede de quem tem sede". Dizem que Deus, quando criou cada Ser Humano, falou baixinho em seu ouvido: "Não fuja de mim... porque, se fugir, eu vou ter de procurar você!"

Luiz Carlos Garcia & Vera Saldanha

Anselm Grün nos lembra de que "Mística é tornar-se uno com a criança divina em nós, com o verdadeiro ser, com o mistério da própria individualidade que é partícipe de Deus". E Mestre Eckhart dizia que "O nascimento de Deus se dá no fundo da alma humana, e não fora do homem. O Homem pode realizar esse nascimento, com seu próprio trabalho, voltando-se para Deus". O eneagrama concretiza isso, dando-nos um mapa do trabalho que podemos fazer para depois contemplar o nascimento de Deus no fundo de nosso ser. Como dizia Tomás de Aquino, "Quanto mais eu vou ao encontro de mim, mais encontro dentro de mim um Outro que não sou eu, mas que no entanto é a razão da minha existência". Esse fio de ouro perpassa toda a história da espiritualidade cristã, passando por Clemente de Alexandria, que entendeu: "Parece pois que o mais importante de todos os conhecimentos é o conhecimento de si mesmo; pois quando alguém se conhece a si mesmo ele há de chegar ao conhecimento de Deus". Guilherme de St. Thierry dizia mais tarde: "Conhece-te a ti mesmo, porque és a minha imagem, e assim hás de conhecer a mim, de quem és imagem. Em ti, tu me encontrarás". Bernardo de Claraval resumia depois: "Reconhece-te como imagem de Deus e envergonha-te por a teres recoberto com uma imagem estranha. Lembra-te de tua nobreza e envergonha-te de quanto decaíste! Não deixes de reconhecer tua beleza, para que mais ainda te angusties por tua fealdade".

Neste tempo maravilhoso que nos é dado habitar, contemplamos a maravilhosa volta do ser humano a si mesmo, depois das viagens ilusórias pelas promessas de felicidade que o desenvolvimento técnico-científico não cumpriu. A era do vazio nos fez chegar mais rápido ao fundo do poço do sem sentido. Muitos se afundam no sofrimento e se veem no beco sem saída da angústia humana. Outros podem encontrar mais cedo a oportunidade de voltar a ser gente, redescobrindo caminhos que os levam à essência. "Religião é para aqueles que têm medo de ir para o Inferno; espiritualidade é para aqueles que já estiveram lá" – li uma vez em um para-

ACORDE! Um Eu dorme em Você

-choque de caminhão. Talvez por isso hoje experimentamos e testemunhamos essa busca sincera, a partir do mais profundo, consciente e livre, clamando por algo suficientemente infinito, capaz de dar sentido à vida. E talvez por isso o eneagrama esteja ressurgindo hoje e desenvolvendo-se de forma tão ampla, por ser uma resposta séria a essa busca angustiante. Acredito que é missão sagrada de cada pessoa que conhece e experimenta esse caminho "viver o que ensina e ensinar o que vive", como dizia Cora Coralina. E tudo nesse coco é útil e prático para as pessoas do nosso tempo, mas, sem dúvida, não podemos deixar esquecido na areia da praia o melhor que o coco encerra, ficando apenas com as fibras.

Fiquei feliz quando recebi o convite do Luiz Carlos Garcia e da Vera Saldanha para fazer a apresentação deste livro. Fiquei encantado quando o li. Há muita gente fazendo coisas maravilhosas com as fibras do coco. Mas é encantador encontrar alguém que se deleita com a água do coco, saboreia sua carne e cria oportunidades para que outras pessoas aí saciem sua fome de amor e sua sede de sentido! Nesta obra, fazemos uma viagem muito ampla por toda a tradição do eneagrama, num respeito profundo à sua totalidade e num profundo espírito de serviço ao ser humano. Se é verdade que a palavra tem a força de quem a diz, este trabalho tem o peso, ou melhor, a leveza da alma de quem o escreve, como transbordar daquilo que vive!

A Comunidade do Eneagrama ganha uma obra abrangente e profunda, muito completa e prática, numa linguagem clara e com um itinerário pedagógico feliz, trazendo abordagens inovadoras e abrindo janelas reveladoras de novas paisagens, para todos aqueles que buscam horizontes de vida mais plena!

Domingos Cunha, CSh.

Luiz Carlos Garcia & Vera Saldanha

AGRADECIMENTOS

Muitas pessoas estão presentes neste livro, mas algumas para mim estão visíveis quando olho a jornada de minha vida, sobretudo do alto da montanha de anos que tenho hoje.

Contemplo a escada do tempo em cuja base estão minha família, os amigos da primeira fase da vida, a companheira de casamento, os filhos, os amigos evolutivos que encontrei em minha vida de terapeuta e educador e, vislumbrado, o neto. No final dessa escada está o Eu que este livro quer acordar.

Acima da montanha vejo outro horizonte, o céu, o espaço infinito onde as nuvens me lembram de amigos, mestres, fontes de saber que fizeram com que minha vida adquirisse um sentido e sabores de vinhos que hoje posso desfrutar.

A minha família, pai (Toninho), mãe (Nair) e irmãos (Adalberto, Nenê, Marcio, Regina, Lucia e Paulinho), por me ensinar a ir para o mundo e romper limites, forjando em mim um descobridor de outros mundos possíveis, gratidão.

ACORDE! Um Eu dorme em Você

Aos amigos da primeira fase da vida, pela alegria de viver o presente e juntos construir pipas e sonhos de fraternidade, gratidão.

Minha companheira não está visível neste livro somente como coautora, mas viva nos textos que indicam caminhos de autodescoberta e crescimento humano. Cresci e descobri caminhos dentro de mim forjados por sua persistência e sua amorosidade. A Vera Saldanha, gratidão eterna.

A Camilla e Fellipe, por possibilitarem contemplar o milagre da evolução de nossos filhos ao expandir a inteligência e um novo mundo de possibilidades, gratidão.

Ao neto Matheus, pela alegria de voltar a ser criança e rolar no chão, esquecendo os compromissos e os deveres, enfim, por ser o Eu que sou, de entender o que é a expressão EU SOU, gratidão.

Aos amigos de faculdade, Silvia cuja persistência e gentileza passou rápido por este planeta; Carmem pela simplicidade e pela amizade; Talel pela cultura muçulmana adaptada e transformada em sonhos tropicais; Kaká pelos sonhos de crescimento e evolução. Enfim, a todos aqueles com que convivi durante os cinco importantes anos de graduação, gratidão.

Aos amigos evolutivos, o agradecimento e a gratidão por acompanhar os sofrimentos, a pequenez do eu menor e a grandeza de ver o Eu maior desabrochar e firmar a certeza de que todos os caminhos seguem no sentido evolutivo para o encontro com Deus, gratidão.

E, olhando para o alto, meus agradecimentos aos mestres que me ensinam a ser quem SOU. Dona Therezinha Balbão, que me ensinou a sonhar em sair de um círculo pequeno e voar novos horizontes e por manter as memórias de meu grupo escolar. A frei Henrique e frei Emiliano, por me permitirem conhecer e viver com São Francisco de Assis. A dom José Vieira de Lima e dom Geraldo Verdier, por encarnarem uma Igreja Divina.

Etienne Miguet, por me permitir ver o desapego, a espontaneidade e a verdade vindo da velha França, gratidão.

Ainda olhando para o alto, busco as raízes da minha formação – psicólogo e humanista: Freud, cujo primeiro livro lia no trem que me levava aos 13 anos de casa para o seminário franciscano, por me mostrar que meu choro durante a leitura de sua biografia era um desejo imenso de autoconhecimento; Carl Rogers, por me ensinar que a neutralidade do terapeuta cria um ambiente de desenvolvimento, aprimoramento e liberdade para o *coachee* ou cliente; Jung, pelo fascínio que exerce em mim o outro lado da personalidade humana, que ele chamou de *self*, a essência; Eliezer Mendes, pelo acolhimento em sua clínica e me permitir viver a experiência do parapsicodrama no mundo das personalidades intrusas; Rogers Woogler, pela aprendizagem do teatro das personalidades e os dramas da alma.

A Pierre Weil, por 30 anos de convivência, trabalho e momentos de pai, amigo, irmão e sonhos em comum, com uma "psicologia vasta" como vasto é o ser humano, gratidão.

A Roberto Crema, por me permitir conhecer o humano que "deu certo" e a alegria de vivenciar sonhos de irmãos, gratidão.

Ao Grupo Santa Cruz, cujo timoneiro, Francisco Mazon, em sua direção soube escutar as ondas e sentir o vento direcionar as empresas para novos tempos, permitindo a seus colaboradores beber na fonte do eneagrama e resgatando com isso o desejo de espiritualidade de seus fundadores, Eugenio e Sofia Mazon, gratidão.

A Alubrat, em cuja fonte saciei minha sede de conhecimento nos últimos 20 anos, transformando minha vida e a de milhares de pessoas tanto no plano pessoal, com seus congressos e retiros no Brasil e em Portugal, quanto na dimensão profissional, ao criar uma rede de terapeutas com o primeiro curso de pós-graduação em Psicologia Transpessoal em ambos os países, no qual contribuo transmitindo os ensinamentos do eneagrama, minha gratidão

E olhando ainda mais alto para o devir, para as galáxias que ainda não vejo, mas que as tradições espirituais navegam e o

ACORDE! Um Eu dorme em Você

poeta Rumi transborda amor ao contemplar em cada ser as nove faces do divino.

Finalmente, gratidão a cada tipo psicológico que me permitiu entender o rosto do divino na expressão de cada ser:

1 Adonay, O Senhor;

2 Theotókos, Mãe de Deus;

3 Elohim, Criador de todas as coisas;

4 Adon Hakavod, sO Rei da Glória;

5 El Rai, O que tudo vê;

6 El Elyon, "O Deus Altíssimo" Misterium Tremendum;

7 Yahwest-Yreh, O que tudo provê;

8 Salvaon, O todo-poderoso;

9 Mikadiskim, O que nos santifica.

Eterna gratidão!

"É simples: Pensaste que eras pó e agora descobres que és sopro.

Antes eras ignorante, e agora sabes mais.

O único, que te conduziu até aqui,

te guiará doravante também."

Rumi

Luiz Carlos Garcia

Luiz Carlos Garcia & Vera Saldanha

INTRODUÇÃO

Este livro traz os seguintes propósitos:

a) Transmitir conhecimentos sobre o eneagrama da personalidade;

b) Relembrar duas dimensões do eneagrama, a horizontal e a vertical;

c) Apresentar as fontes espirituais do eneagrama sagrado;

d) Oferecer a terapeutas, *coaches* e pessoas que buscam seu aprimoramento uma metodologia e perguntas poderosas que orientem o processo de autoconhecimento e transformação, com base no tipo psicológico;

e) Contribuir com os que buscam responder à velha pergunta: "Quem sou eu?".

f) Oferecer dois testes inéditos que permitem ao leitor identificar sua tipologia e instinto dominante no eneagrama para melhor se beneficiar de todos os conteúdos desta obra.

Comecemos com o propósito: "Quem sou eu?". Estamos condenados a responder a essa questão se quisermos ter uma vida com saúde e plenitude. O eneagrama traz uma grande contribuição para conhecer a personalidade humana e, consequentemente, para responder à pergunta.

O eneagrama, na perspectiva que apresentaremos nesta obra, nos lembra de que, para responder a essa pergunta, temos de contemplar uma antropologia que vê o humano em sua dimensão: soma, psique, noética e pneuma. Portanto, uma antropologia que vai além das psicologias ortodoxas. Soma e psique são os objetos da medicina e da psicologia; ao passo que as dimensões noética e pneuma sempre foram objetos das tradições espirituais.

Há quase 50 anos, psicólogos ousaram ir ao território das tradições espirituais com o intuito de responder a uma segunda pergunta: "Há algo além da personalidade?". A resposta encontrada foi que há algo mais grandioso que a personalidade. Há milênios as tradições espirituais afirmam que, para além da personalidade, estão o mundo noético e o mundo pneuma.

Imagine uma folha de papel em branco. De um lado está escrita nossa história pessoal e factual, nossas experiências, nossos traumas, nossa dor. A maioria dos seres humanos fica desse lado da página; jamais viraria a página e olharia a parte de trás. Se virasse a página, veria um mundo surpreendente, uma história maior, um horizonte vasto; entraria pela porta da consciência do *self*, nossa história espiritual.

Este é o convite do eneagrama: topa virar a página?

O eneagrama tem uma resposta simples para a segunda pergunta: "Existe em nós um Eu maiúsculo, um Eu verdadeiro, um Eu espiritual".

Podemos ter três atitudes diante do questionamento de que há algo além da personalidade.

A primeira é não se fazer nenhuma pergunta sobre isso, não vale a pena. A segunda é o niilismo, o vazio, o nada. A terceira é a resposta das tradições espirituais, da psicologia transpessoal e do eneagrama. As tradições espirituais, a psicologia transpessoal e o eneagrama convergem para uma resposta única: somos um espírito vivendo na realidade humana.

A maioria dos seres humanos vive dentro de limites estreitíssimos, limites de ideias sobre si, sobre os outros e sobre o mundo. Alguns pensadores, como Willian James, Carl Gustav Jung, Wilhelm Reich, Oscar Wilde, Pierre Weil, dizem-nos com pesar e provocação que a vida que levamos como homens e mulheres normais não é senão a mínima parte da realidade a que todos podemos ter acesso. Os ensinamentos do eneagrama nos mostram que nossas ideias, sobretudo as criadas em nossa primeira infância, estarão no palco do cotidiano até o fim de nossa vida. Elas vão repetir padrões de comportamentos e sentimentos em situações totalmente novas e sem nenhuma conexão objetiva e assertiva com a realidade. Dessa forma, em novas situações reagimos com nosso modelo mental infantil, com nosso eu pequeno.

Tanto a psicologia transpessoal quanto as tradições espirituais têm dito que a maioria das pessoas está vivendo dia e noite adormecida, subutilizando suas forças e suas competências.

O eneagrama é uma chave para sair dessa letargia, um mapa psicológico e espiritual que nos convida a conhecê-lo, experimentá-lo e abrir a trava que nos mantém no cativeiro dos pensamentos, das emoções e dos comportamentos disfuncionais.

Nosso modo de agir, com base em nossas experiências e ideias infantis, é fruto e final de linha do desenvolvimento de nossa personalidade. Portanto, o final da formação da personalidade é o limite que estamos predestinados a viver. Esse limite desemboca em duas possibilidades.

A primeira é a neurose. Damos respostas velhas a situações novas, ou seja, não damos respostas assertivas para a maioria de situações que experimentamos.

A segunda é a normose. Viktor Frankl, Abraham Maslow, Pierre Weil, Roberto Crema e Jean-Yves Leloup têm alertado que o

ACORDE! Um Eu dorme em Você

homem "normal" é o grande perigo da sociedade, são eles que fazem a política "suja", a guerra e os genocídios. Na leitura do eneagrama ouso dizer que o tipo psicológico sem ser trabalhado, ele em sua originalidade, cru, já é uma forma de normose. Nós nos adaptamos ao que o mundo espera de nós e nos tornamos pele grossa, insensíveis, nos tornamos um zé-ninguém, como dizia Reich.

O tipo padrão não é "normal", o natural é a virtude e as qualidades que trazemos em nossa dimensão divina.

Tanto a neurose quanto a normose são doenças em que as percepções estão adormecidas. A primeira dimensão em que adormecemos na formação da personalidade é nossa inteligência espiritual. Este é o primeiro erro que não está escrito em nosso manual de nascimento: esquecemos nossa dimensão espiritual, a qualidade que daria equilíbrio e sentido a nossa existência.

O segundo erro é adormecer nossa inteligência mental subjetiva, isto é substitui-la pela, autoimagem. Nossas ideias infantis disfuncionais vão funcionar como um CD arranhado. Vamos tocar a mesma música, os mesmos sentimentos, os mesmos pensamentos, as mesmas crenças em todas as cerimônias de nossa vida. A terceira dimensão a ser adormecida são as emoções. A partir do que pensamos, criamos nossos estados emocionais.

Nas tradições espirituais encontramos o alerta para o perigo do adormecimento das consciências. A tradição tibetana fala em oito consciências no ser humano. As cinco primeiras são os sentidos – sentir, cheirar, degustar, olhar, escutar. Adormecemos essas consciências e colocamos nossa vida no piloto automático. A sexta consciência é o pensamento. Nossa inteligência lógica está adormecida pelas ideias infantis, pelas crenças pessoais disfuncionais e pelos vícios emocionais, que são as nove paixões do eneagrama.

A sétima consciência, a inteligência emocional, está desestabilizada, pois é reprimida e tratada como de segunda classe, em primazia do excesso de racionalismo. Quando essas sete consciências estão adormecidas, a inteligência espiritual não pode se manifestar, perdemos a sensibilidade e a lucidez para permitir que uma consciência maior, sistêmica, lúcida se manifeste: a oitava consciência.

O eneagrama vai lhe mostrar que estão dormindo em você, no mínimo, dois "eus". Um eu muito atrapalhado, chamado o pequeno eu, tão atrapalhado que se acha gente grande e constantemente está em pé de guerra, quer mostrar quem é.

Esse "eu" pequeno está desgovernado e atuando, e você não sabe quem ele é. Cuidado, ele lhe dá muito aborrecimento! Abraham Maslow diz que muitas pessoas temem a própria grandeza, por isso fogem de uma vida plenamente vivida. Essa atitude de vida ele denominou "Complexo de Jonas". Temos medo de nossas qualidades. Este é o grande alerta do eneagrama: adormecemos nossas qualidades, temos medo DE QUEM SOMOS!

A boa notícia é que tem um outro Eu, também adormecido, mas tenho certeza de que é com esse EU que você sonha se encontrar. Em nossos momentos mais positivos, sentimos essas qualidades e a presença de uma energia quase divina. Ao mesmo tempo, porém, trememos de fraqueza, respeito e temor diante dessas qualidades. O ego não tolera o Eu, o não condicionado, pois jamais se satisfaz, ele é sempre desejo desorientado. Nossa essência é uma ameaça à realização do ego, e este se defende magistralmente contra o desejo genuíno de ligação com a espiritualidade. Essa ligação o ego entende como sua "morte".

Sua liberdade está em escolher com qual eu quer ficar, com qual quer viver o futuro de sua vida. A escolha é sua, cada um desses "eus" tem vida própria, mas é você que sente, pensa, está triste, está feliz, tem uma vida boa ou uma vida infeliz.

Cuidado, esse casamento é a coisa mais importante de sua vida!

O que é o eneagrama

O eneagrama é um sistema poderoso e dinâmico de autodescoberta e compreensão da personalidade e da espiritualidade. Define nove tipos de personalidade com padrões de pensamentos, senti-

ACORDE! Um Eu dorme em Você

mentos e comportamentos diferentes entre si. A palavra eneagrama origina-se do grego, enneas, que significa "nove", e grammos, que significa "pontos". É representado por um símbolo que tem uma circunferência com nove pontos e linhas interligadas. Os nove pontos representam padrões, formas de perceber a realidade.

Conhecê-los, sobretudo aqueles em que estamos fixados, nos permite começar a perceber as estratégias que nos limitam. O estudo dos tipos permite nos reconhecer em um deles. A maioria das pessoas tem um tipo dominante.

Eneagrama é um símbolo arquetípico, portanto será dessa forma que o utilizaremos para entender o desenvolvimento do ego, bem como nossa natureza espiritual.

Segundo o eneagrama, o ser humano integral é aquele em que a convivência e a integração do plano divino com o plano humano estão presentes, humano e divino vivem uma única realidade: a vida em sua plenitude. Se a vida em sua plenitude exige a convivência dessas duas dimensões e algo sai errado, a personalidade distorce o sagrado e passa a dominar as emoções, os pensamentos e os comportamentos, adormecendo o *self*. *Self* aqui é definido como a dimensão transcendente da psique, compondo a consciência, a totalidade do inconsciente e a supraconsciência com a imagem de Deus (imago Dei).

Segundo Stein (2006, p. 138), Jung teve a primeira experiência do si mesmo (*self*) entre 1916 e 1918, quando descobriu que a psique apoia-se sobre uma estrutura fundamental, que amortiza e suporta os grandes sofrimentos por que a pessoa passa em sua vida, como abandono, traição, estresse e momentos de grandes perdas. Essa estrutura, o *self*, é a dimensão que nos ancora no equilíbrio emocional e mantém a estabilidade da psique. O *self* é adormecido pelas experiências e pelos processos da formação do ego, porém não sucumbe a sua tirania; ele continua presente apesar de não ser o timoneiro da vida dos desejos, dos pensamentos e das emoções. Apesar de o *self* ser a inteligência espiritual que pode iluminar a personalidade

– portanto maior que ela –, quem comanda o barco da vida é a personalidade até que se acorde do sono do ego.

Pessoas extraordinárias têm o *self* como bússola da psique e não se deixam levar por caminhos que o ego cria.

As figuras do eneagrama

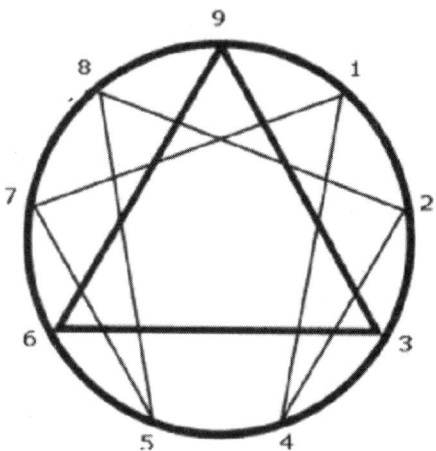

As duas figuras que compõem os números de 1 a 9, colocadas dentro de um círculo e combinadas, deram origem a uma surpreendente e poderosa figura – um símbolo universal, arquetípico, capaz de demonstrar como todo e qualquer sistema vivo se mantém por autorrenovação. Ele consiste em nove pontos e é chamado de eneagrama. Parece ser muito simples, mas o eneagrama, como tudo que é vivo e dinâmico, é complexo.

Gurdjieff explica os três símbolos: círculo, triângulo e hexade.

O círculo, uma mandala universal, representa a unidade. No eneagrama simboliza a unidade fundamental de todas as coisas: Deus. A ideia de unidade é compartilhada pelas três principais correntes espirituais do Ocidente: o cristianismo, o judaísmo e o islamismo. Essas três tradições espirituais têm muito a ver com o eneagrama. O cristianismo e o islamismo relacionam-se diretamente com ele; ao passo que o judaísmo liga-se por meio da cabala, que é "prima" do eneagrama e também um símbolo universal.

A segunda figura, o triângulo, que contempla os tipos 9, 6 e 3, Gurdjieff chamou de Lei da Trindade. Ele dizia que tudo que existe resulta da interação de três formas. É a ideia da Trindade no cristianismo. O amor entre o Pai e o Filho gera o terceiro incluído: o Espírito Santo.

A terceira figura, que contempla os números 1, 4, 2, 8, 5 e 7, Gurdjieff chamou de Lei do 7 e diz respeito ao movimento de processos de vida que ao longo do tempo evolui ou recicla. Ela se manifesta nos dias da semana, na tabela periódica.

Juntando esses três símbolos em uma única figura, temos o eneagrama.

Agora, vamos diferenciar dois eneagramas: o eneagrama sagrado e o eneagrama da personalidade.

No eneagrama sagrado, os nove pontos representam nove qualidades do divino.

No eneagrama da personalidade, os nove pontos representam nove padrões de comportamento básicos, cada qual com suas estratégias para buscar a felicidade e relacionar-se com o mundo e com as pessoas.

Para que serve o eneagrama

O eneagrama pode ser utilizado como um instrumento de autodescoberta e um caminho para o desenvolvimento do ser integral, isto é, de sua espiritualidade e sua humanidade.

Serve para:
- elaborar um diagnóstico sobre a personalidade;
- traçar programas de autodesenvolvimento;
- conhecer como cada um é;
- revelar realidades da personalidade que estão escondidas;
- mostrar que a psique (personalidade) não é a última realidade; além dela, há uma dimensão espiritual;
- revelar que a "doença" possível em cada tipo é uma ilusão;

- transformar pontos "fracos" em forças e crescimento pessoal;
- orientar caminhos para encontrar a dimensão espiritual;
- compreender o tipo dos outros;
- reconhecer os pontos fortes do outro;
- dar suporte ao trabalho de *coaching*, terapia ou autoconhecimento.

APLICAÇÕES

No processo de autodescoberta

O eneagrama é um mapa que mostra o território em que a personalidade vive e também o caminho para a verdadeira identidade e a dimensão espiritual.

No processo de autodescoberta, podemos usá-lo como um instrumento de auto-observação que nos permite conhecer e compreender as motivações inconscientes que determinam nossos pensamentos, sentimentos e crenças e a forma como cada tipo age diante dos fatos da vida. Com esses conhecimentos, podemos traçar estratégias de melhorias e mudanças positivas em nosso modo de viver, transformando a maneira como nos relacionamos conosco e com os outros.

No processo de coaching

O eneagrama pode enriquecer o trabalho de *coaching*, permitindo ao *coach* e ao *coachee* trabalharem comportamentos disfuncionais. É uma poderosa ferramenta para entender os traços de personalidade, as reações e, sobretudo, os pontos a modificar. O *coach* terá um mapa com as qualidades e os pontos a serem melhorados, permitindo-lhe saber onde o indivíduo está e aonde poderá chegar.

Nas terapias individuais

Nas terapias, por suas características dinâmicas, o eneagrama pode ser usado como um instrumento de avaliação e orientação de como funcionam os padrões de pensamentos e comportamentos nos diferentes tipos eneagramáticos.

ACORDE! Um Eu dorme em Você

Revela ainda um conjunto de conhecimentos, emoções, pensamentos e comportamentos que colaboram positiva e rapidamente para o processo de auto-observação, elemento fundamental para o autoconhecimento e a transformação. Finalmente, pode levar o indivíduo a uma consciência mais ampla, revelando o Eu maior presente, que pode iluminar o eu menor.

Na educação

No contexto formal da educação, o eneagrama mostra as qualidades que os educadores devem desenvolver em si para educar melhor e os ajuda a conhecer e tratar cada aluno de maneira única, dentro de padrões conhecíveis. Pode ser utilizado de forma individual ou coletiva. Também na relação entre pais e filhos pode contribuir muito tanto no processo educacional quanto no relacionamento interpessoal.

Linha do tempo

Linhagem é um conceito utilizado nas tradições espirituais para determinar o guardião de uma verdade sagrada.

Aqui estamos utilizando essa palavra para nos referir a uma linha do tempo que explica como o eneagrama chegou até a atualidade.

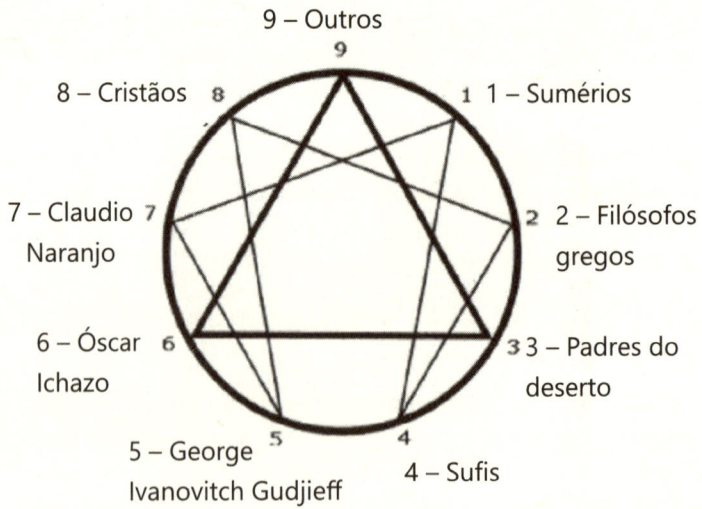

Sumérios

O eneagrama é relatado pelos sumérios como um evento cósmico. Ele foi transmitido da região da Babilônia a Zoroastro, Pitágoras e Platão. Durante muito tempo, esse conhecimento foi um método, transmitido oralmente de mestre a discípulo, que, por sua vez, jurava absoluto segredo.

Zoroastro

Pode ter sido por meio de Zoroastro que Pitágoras conheceu o eneagrama; portanto, deve ter sido seu discípulo também nessa arte.

Pitágoras

A Pitágoras e à Escola Grega da Antiguidade é atribuída a autoria do símbolo tal como hoje o conhecemos, bem como sua designação atual: ennea, que significa "nove"; e *grammos*, "pontas". Ou seja, um diagrama com a forma de uma estrela de nove pontas.

Eric Salmon, em seu livro *O fantástico mundo do eneagrama*, relembra Pitágoras como detentor do conhecimento do eneagrama e mestre na arte de compreender a alma humana.

Platão

Platão influenciou profundamente o pensamento e as práticas do mundo monástico, "faculdades de psicologia" daquela época. Platão descreve, em seu livro *A república*, a viagem de Er, o Pamphylien, filho de armênios. Mercenário grego morto em combate, teve seu corpo recolhido e levado à fogueira no 12º dia. Ele então ressuscitou e contou o que lhe aconteceu nos 12 dias em que esteve em coma. Sua alma e a dos outros soldados mortos aguardaram sete dias na pradaria até que chegaram à colônia da luz. Aqueles que deviam encarnar tiraram a sorte com o anjo da guarda que lhes protegiam. E uma voz gritou que Deus é inocente desse sorteio. Depois beberam a água do riacho

ACORDE! Um Eu dorme em Você

Améles (sem preocupação) para tudo esquecer. Assim, cada um tinha uma missão, um plano de trabalho de autocrescimento e de realização, e receberia ajuda correspondente para a nova vida. O êxito está em se despojar do mundo das formas (mito platônico da caverna) e se libertar.

Sufis

O Sufismo é a corrente mística do Islão cujos praticantes são conhecidos como Sufis. Através da ascese, buscam uma relação direta e íntima com Deus com destaque para as orações, jejuns e também práticas de cânticos, poesias, música e movimentos. Buscam uma relação profunda com Deus não somente às intenções, mas aos aspectos intensos e profundos da espiritualidade e da amorosidade.

Padres do deserto

Platão influenciou profundamente o pensamento e práticas do mundo monástico, início do eneagrama na cultura ocidental. O mundo monástico foi o celeiro da psicologia do eneagrama com os padres do deserto.

Os padres do deserto privilegiavam a vida interna, a ascese, o silêncio, a análise dos sentimentos e dos pensamentos, bem como o combate às paixões. Acreditavam que o acesso direto a Deus é o caminho da autotransformação. Evagrius Padre do Deserto que descreveu as paixões como caminhos de perdição, vias que nos afastam de nosso centro.

Os defeitos mostrados no eneagrama assemelhavam-se aos "pecados capitais" e possivelmente foram resgatados dos ensinamentos dos padres do deserto.

Gurdjieff – George Ivanovitch Gurdjieff

Gurdjieff (1866-1949) conheceu o eneagrama em torno de 1920, com a Fraternidade de Sarmoung, uma suposta ordem mística da Ásia Central, e o comparou à pedra filosofal. O conhecimento sobre o eneagrama, até então, era ocultado pelos sábios e só transmitido oralmente. Gurdjieff, então, estruturou-o e ocidentalizou-o.

Óscar Ichazo

Coube ao boliviano Óscar Ichazo a descoberta da relação entre o símbolo do eneagrama e os tipos psicológicos, a partir de uma tradição espiritual que afirmava que Deus tinha nove atributos, e estes se refletiam na natureza humana. Ele apresentou o eneagrama a um pequeno grupo de seguidores em Arica, no Chile, no início da década de 1970.

Como o conjunto do eneagrama parecia um pouco simples, Ichazo deu sua contribuição e acrescentou os três instintos básicos. São eles: o instinto de autopreservação, o instinto social e o instinto sexual, que abordaremos em capítulo específico. O instinto, segundo ele, modifica o tipo básico e exacerba ou diminui as características de cada tipo. Genialmente, Ichazo ligou as paixões aos pontos do eneagrama, descrevendo os nove tipos de personalidade. Ele declarou ter encontrado o eneagrama no Afeganistão antes de ter contato com os escritos de Gurdjieff. Podemos afirmar que Ichazo "revelou" o eneagrama com base na visão cristã dos pecados capitais da tradição Hesicaste e Escolástica (soberba, inveja, ira, preguiça, avareza, gula e luxúria) e acrescentou o medo e o engano.

Claudio Naranjo

Discípulo de Óscar Ichazo, Claudio Naranjo aperfeiçoou o modelo dentro de uma dimensão psicológica, a partir de grande conhecimento que adquiriu na prática clínica e no trabalho com a terapia da Gestalt, de Fritz Perls, e a psicologia do eu, de Karen Horney. A descrição dos tipos psicológicos é sua obra-prima.

Cristãos

Existem algumas representações cristãs, como a do franciscano Ebert e a do pastor luterano Rohr, que escreveram: "Os sábios do Oriente têm muito a nos ensinar. Eu acredito que o eneagrama pode nos ajudar a desenvolver uma relação mais verdadeira e profunda com Deus, mesmo que ele não tenha sido inventado pelos cristãos".

Mas é a partir da descrição de Óscar Ichazo que o eneagrama reaparece na tradição cristã. Os primeiros a obter o conhecimento de forma cristã e a utilizá-lo sistematicamente em sua educação foram os jesuítas da Universidade Católica de Chicago, nos Estados Unidos.

Década de 1980 em diante

Charles Tart, um dos fundadores da transpessoal, rapidamente percebeu que o eneagrama tinha características da psicologia transpessoal e procurou ligá-lo ao pensamento de Abraham Maslow, colaborando com importantes contribuições. Por volta da década de 1990, o eneagrama começou a ser mais conhecido e difundido nos Estados Unidos e na Europa. Na última década, os estudos do eneagrama têm-se desenvolvido intensa e rapidamente, destacando-se os norte-americanos Helen Palmer, David Daniels, Don Richard Riso, Russ Hudson, Ginger Lapid-Bogda, Sandra Maitri e Tom Condon. No Brasil, citamos a IEA Brasil (Associação Brasileira do Eneagrama), Alaor Passos, Uranio Paes, Khristian Paterhan, Márcio Schultz e, na área espiritual, padre Domingos Cunha.

Teste: Descobrindo seu tipo de personalidade

Criamos um questionário que o ajudará a identificar rapidamente seu tipo, com uma precisão em torno de 70% e indicativos dos outros 30% em duas ou três possibilidades relacionadas ao seu número.

Este exercício pode ajudá-lo a identificar o tipo psicológico dominante.

Descobrir ou confirmar o tipo dominante pode ser uma experiência emocionante que o ajudará a compreender: "Quem sou eu?".

Luiz Carlos Garcia & Vera Saldanha

Anote no quadrante à esquerda de cada declaração uma das possibilidades abaixo.

3 Totalmente verdadeiro. Sinto-me assim!
2 Geralmente verdadeiro. Com frequência sinto-me dessa forma.
1 Às vezes. Às vezes, sinto-me assim.
0 Nunca. Nunca me sinto assim.

Responda com espontaneidade e honestidade. Não existem respostas melhores ou piores.

Pense em como você se sente hoje, no presente, e avalie-se de modo verdadeiro.

Parte 1

	1	Estou sempre atento e procurando corrigir meus erros e minhas falhas.
	2	Amar e ser amado são as coisas mais importantes da vida.
	3	Saio-me bem tocando projetos e fazendo acontecer.
	4	As pessoas não sentem tão profundamente quanto eu.
	5	Tenho um profundo anseio por saber mais. Muitas vezes, gosto de coletar e arquivar todos os tipos de informação.
	6	Estou atento e sensível às contradições.
	7	Diante de qualquer cenário dado, identifico rapidamente os padrões e as questões relevantes.
	8	Descubro facilmente o ponto fraco do outro e posso usá-lo com facilidade se for provocado.
	9	Mudo meus planos quando as situações pedem.
	10	Fico aborrecido quando vejo que as coisas não são como deveriam ser.
	11	As pessoas vêm a mim por uma palavra de consolo ou um conselho.
	12	A palavra sucesso significa muito para mim.
	13	Posso com facilidade entrar nos sentimentos dos outros e sentir o que eles estão sentindo.

ACORDE! Um Eu dorme em Você

	14	Gosto de aprender coisas novas, seja em uma classe, seja por conta própria.
	15	Prudência é uma virtude muito importante para mim.
	16	Existem poucas coisas na vida que não me permito desfrutar.
	17	Enfrento e luto pelo que quero.
	18	Sinto que a natureza última de todas as coisas que existem é benévola e amorosa.
	19	Tenho grande domínio sobre o que falo e penso e assumo total responsabilidade pelos meus próprios atos e sentimentos.
	20	Gosto de ser importante na vida dos outros.
	21	Sou uma pessoa de ação com objetivos claros.
	22	As artes e as expressões artísticas são um meio de canalizar as minhas emoções.
	23	Gosto de guardar coisas, porque penso que um dia talvez possa usar.
	24	Antes de tomar uma decisão, procuro ter muitas informações e estar certo de que estou muito preparado.
	25	Aprofundar demais em uma única coisa me aborrece.
	26	Sou dotado de uma energia intensa para fazer algo acontecer.
	27	Geralmente não me entusiasmo demais com as coisas.
	28	Pareço me preocupar mais do que as outras pessoas em fazer as coisas corretas e honestas.
	29	Sempre que tenho uma folga, uso-a ajudando os outros.
	30	Sempre estou medindo meus avanços em relação ao desempenho de outras pessoas.
	31	Sinto que a maioria das pessoas não aprecia a verdadeira beleza da vida.
	32	Intelectualmente gosto de sintetizar e de juntar ideias diferentes.
	33	Dedico-me muito aos grupos a que pertenço.
	34	Gosto de alegrar as pessoas e levantar o moral delas.

35	Trato as pessoas de modo similar ou idêntico.
36	Gosto de estar sempre em paz e calmo.
37	Tenho grande capacidade de ir até a conclusão de tudo que inicio. Vou até o fim, independentemente dos obstáculos.
38	Valorizo os relacionamentos próximos, especialmente os que envolvem o cuidado e o afeto mútuos.
39	Gosto de ter metas definidas e saber quais são minhas chances de alcançá-las.
40	Aprecio as belezas da vida, assim como os talentos nos vários domínios dela – na natureza, nas artes ou nas pessoas.
41	Não sei esbanjar tempo, dinheiro nem recursos.
42	Não tenho medo de desafios, ameaças, dificuldades ou dor. Consigo agir com convicção mesmo que seja incomum ou impopular.
43	Gosto de fazer as coisas ficarem legais.
44	Dou a todos uma chance justa.
45	Não consigo ouvir e prestar atenção.
46	Se uma coisa não é justa, ela realmente me incomoda.
47	Estou comprometido em fazer favores e boas ações para os outros.
48	Organizar e terminar tarefas são coisas naturais para mim.
49	Boas maneiras e bom gosto são importantes para mim.
50	Penso nas coisas examinando-as de diferentes ângulos e tenho facilidade para mudar meu ponto de vista.
51	Gosto de ser ponte, uma pessoa de intermediação.
52	Gosto de saborear a vida.
53	Não gosto de ficar me analisando e vasculhando meus sentimentos.
54	Não é necessário se aborrecer com as pessoas ou as coisas.
55	Sou analítico, busco razões e causas. Penso muito sobre os fatos e os fatores que afetam uma situação.

ACORDE! Um Eu dorme em Você

56	Gosto de me sentir próximo das pessoas.
57	Para mim, não é problema tomar decisões.
58	Gosto de pensar em novas e produtivas formas de conceituar as coisas. Gosto de ser original e fazer invenções.
59	Prefiro ficar observando as pessoas e não me envolver.
60	Pressinto o perigo e a ameaça mais do que os outros.
61	Minha teoria é: se alguma coisa é boa, mais é melhor.
62	Não temo me confrontar com opiniões de outras pessoas; se precisar, as enfrento.
63	Não gosto de gastar minha energia à toa. Busco coisas em que posso resguardar minha energia.
64	Tenho dificuldade em relaxar e ser brincalhão.
65	Estou sempre consciente dos motivos e dos sentimentos das outras pessoas e normalmente consigo responder adequadamente a eles.
66	Quase sempre concluo o que inicio. Persisto no curso de uma ação ou no propósito; vou até o fim independentemente dos obstáculos.
67	Sou inspirado pelo futuro e pelo que poderia ser e gosto de transmitir isso às pessoas.
68	Tenho grande atração por estudar, ler ou pesquisar. Sempre busco novas oportunidades de aprender.
69	Sou cuidadoso nas escolhas que faço, não assumindo riscos desnecessários nem fazendo coisas de que possa me arrepender.
70	As coisas saem sempre melhor do que as pessoas pensam.
71	Sou uma pessoa determinada e, se precisar, sou agressivo.
72	Posso ser um árbitro desapaixonado porque um lado é tão bom quanto o outro.
73	Vejo as coisas em termos de certo ou errado, bom ou mau.
74	Sinto muito orgulho de servir os outros, mais do que de qualquer outra coisa.
75	Estou sempre mobilizado a atingir metas e traçar objetivos.

	76	Meus sentimentos têm muita profundidade.
	77	Tento resolver meus problemas pensando.
	78	Sou e aprecio pessoas que são leais ao grupo e às amizades.
	79	Estou sempre atraído por tudo o que vejo.
	80	Sou uma pessoa franca que diz o que pensa sem rodeios ou disfarces.
	81	Sou uma pessoa muito fácil de lidar.

PARTE 2

Transfira para a tabela abaixo a pontuação que você atribuiu a cada declaração (3,2,1, 0), observando a correspondência entre os quadrados das declarações e os quadrados das respostas.

Some o total de pontos em cada linha horizontal.

TIPO				RESPOSTAS						TOTAL
1	1	10	19	28	37	46	55	64	73	
2	2	11	20	29	38	47	56	65	74	
3	3	12	21	30	39	48	57	66	75	
4	4	13	22	31	40	49	58	67	76	
5	5	14	23	32	41	50	59	68	77	
6	6	15	24	33	42	51	60	69	78	
7	7	16	25	34	43	52	61	70	79	
8	8	17	26	35	44	53	62	71	80	
9	9	18	27	36	45	54	63	72	81	

Observando as três maiores pontuações, você terá as seguintes indicações:

1. A maior pontuação tem elevada probabilidade de ser o seu tipo, em torno de 70%. Caso você não se identifique muito com o tipo que teve maior pontuação, veja a tabela abaixo e analise também duas ou três outras possibilidades.

2. É muito possível, ainda, que a segunda maior pontuação seja o

ACORDE! Um Eu dorme em Você

tipo psicológico que você utiliza na dimensão profissional

3. Provavelmente a menor pontuação refira-se ao tipo psicológico a que você também deve prestar atenção, como algo subutilizado ou negado.

Reflexões

Como você sente se com o resultado do Tipo dominante? Até que ponto este Tipo dominante reflete suas crenças pessoais, comportamentos e sentimentos?

Obs.:

Na tabela abaixo você pode conferir a probabilidade de o questionário ter captado corretamente seu tipo eneagramático.

Também encontrará outros dois ou três tipos que podem corresponder ao seu, mas que o questionário ou você, ao responder às questões, não definiu precisamente.

Tipos	% DO TIPO COM MAIOR E MENORES PROBABILIDADES									Analisar
	1	2	3	4	5	6	7	8	9	
Perfeccionista	70	10		10		10				2-4-6
Doador		70		10		10		10		4-7-8
Realizador	10		70			10	10			1-7-8
Futurista	10			70		10		10		1-6-10
Observador					70	15		15		6-9
Leal				10	10	70		10		4-5-9
Versátil		10				10	70	10		2-6-8
Protetor	15					15		70		1-6-9
Mediador	10	10				10			70	1-2-6

Teste elaborado pelos autores e com direitos autorais. Se utilizado deve constar a fonte.

PARTE 1

ELUCIDAÇÕES SOBRE A ESPIRAL UTILIZADA NESTE LIVRO

Utilizaremos neste livro a espiral como modelo para entender duas dimensões do eneagrama: uma horizontal, que contempla os tipos psicológicos; e outra vertical, com estágios de evolução ou regressão dos tipos. Descendo a espiral, veremos como se dá a formação do tipo eneagramático; subindo-a, veremos a dimensão vertical, estágios de evolução dos tipos psicológicos na abordagem Integrativa Transpessoal.

ACORDE! Um Eu dorme em Você

O ENEAGRAMA SAGRADO

Ao amanhecer, a lua apareceu
desceu de uma vez do céu para dar uma olhada em mim.
Como um falcão caçando uma presa,
A lua me segurou e lá fomos nós!
Eu procurei o meu eu, mas o meu eu se fora:
na lua, pela graça, meu corpo virara como que alma.
Luminoso, eu viajei como alma, mas tudo o que eu vi foi
aquela lua – até que o mistério do Eu e do eu ficou bem claro.
Nove tipos de céus, nove vibrações, todas misturadas naquela lua;
e os limites do meu ser desapareceram no mar.

The Diwan of Shams-i-Tabriz,
por Mevlana Jalaluddin Rumi,
Anatólia, século XIII.

Iniciaremos pelo último estágio da espiral, que é o espaço primordial que influencia os tipos na perspectiva do eneagrama sagrado.

A crença central do eneagrama sagrado é de que a personalidade é consequência de uma matriz espiritual que trazemos ao nascer. Essa matriz espiritual é reprimida no inconsciente, tornando-se acessível apenas em momentos especiais de nossa vida – por exemplo, os sonhos, a meditação, as experiências culminantes, a morte –, nos quais saímos do estado de consciência de vigília e experimentamos os estados ampliados de consciência.

O eneagrama é um mapa muito antigo que nos permite conhecer profundamente a alma e a personalidade humana. Ensina-nos o caminho para a reconexão com a supraconsciência, o caminho de conexão com nossa essência. Ensina-nos a mudar constantemente para retirar tudo aquilo que obscurece nossa relação com a essência, o ser que habita em nós – o incondicionado em nós, o vivente em nós, diriam os padres do deserto.

O trabalho essencial no eneagrama é a retomada da lembrança de quem somos. Cabia aos mestres espirituais insistir e pedir ao discípulo: "Lembre-se, relembre, reencontre a lembrança de quem realmente você é".

A função principal do eneagrama é relembrar nossa essência, conectando-nos com o que somos em termos de personalidade sadia.

Os ensinamentos do eneagrama sagrado podem suprir a lacuna da presença fundamental do mestre, tão necessário em qualquer caminho iniciático. A má notícia é que os mestres são raros, mas a boa é que o mestre pode ser encontrado por meio do estudo e da prática do eneagrama, despertando, assim, nosso mestre interior.

"Se você se lembrar de mim (diz a alma),
eu me lembrarei de ti".

Por isso, quando a personalidade se lembra da alma, permitindo que esta se expresse e se torne parceira no projeto da vida, a espiritualidade toma seu lugar, e a vida humana desabrocha em sua plenitude.

O eneagrama sagrado nos relembra de nossa essência divina. Essa possibilidade de ver o indivíduo em sua dimensão espiritual e humana tem atraído psicólogos e espiritualistas ao estudo e à prática do eneagrama em várias áreas da psicologia. O eneagrama é um poderoso mapa, capaz de compreender o território humano e a dimensão do divino em uma unidade. O entendimento da natureza divina torna o eneagrama único, diferenciando-o das inúmeras produções da psicologia clássica que descartaram a inteligência espiritual de seu objeto de estudo.

No eneagrama original, cada tipo representa um programa de vida que traz em seu bojo a oportunidade de nos fazer criar um vínculo com a realidade deste mundo por meio de nossos defeitos, que também são parte do projeto divino para relembrar nossa natureza essencial. Sem o vício que forma cada tipo psicológico e esconde a qualidade essencial e divina em nós, não seria possível desenvolver a personalidade humana. Aqui está o paradoxo que forma a personalidade: a matéria-prima para o desenvolvimento do ego são os "defeitos". Por meio deles, podemos iniciar o processo de autoconhecimento que nos leva a encontrar nossa essência. Sem um ego, não seríamos deste mundo!

Os filósofos gregos chamavam a personalidade de "máscara", *personne*, e pela abertura dela passava o som, a palavra, o sopro. A personalidade contém, além do ego, a manifestação do lógos, da palavra, do sopro que habita cada ser humano.

Segundo Jung, o ego é nossa consciência e nosso consciente. O eneagrama vai além, definindo o ego como uma pequena consciência, um pequeno eu que é observado pela CONSCIÊNCIA, um Eu maior que é capaz de observar o eu menor, o ego. No eneagrama original, somos seres espirituais vivendo uma realidade humana.

Luiz Carlos Garcia & Vera Saldanha

O eneagrama nos ensina que despertar a inteligência espiritual é a chave para nosso processo de individuação. É possível que o eneagrama seja uma teoria vinda da tradição religiosa pré-cristã de acompanhamento e aconselhamento das pessoas. Temos evidências de sua presença nos conhecimentos e nas práticas da Ascese com os padres do deserto e na tradição sufi. Também sua visão de uma dupla e complementar natureza humana (personalidade e alma) é compatível com a psicologia transpessoal. Assim, na psicologia do eneagrama, os nove tipos psicológicos são "programas", *softwares* que permitem à pessoa se adaptar ao mundo.

O eneagrama revela-nos nossa dimensão ontológica, nosso ser profundo, nossa missão de vida, o significado e o sentido de nossa existência. São escolhas espirituais.

Os nove pontos representam as dimensões da alma, ou as faces de Deus em nós. Cada ponto é um raio de luz do amor divino, lembrando que não somos um ser para a morte, mas para a vida. A palavra final no cristianismo é a ressurreição. Nascemos para viver, mas não sem morrer.

Na abordagem eneagramática, o trabalho de autoconhecimento é a retomada da consciência de nossa verdadeira natureza, a retomada da consciência desde nossa origem e das potencialidades que trouxemos de onde viemos.

Na psicologia freudiana, quase tudo se explica pelos primeiros acontecimentos na vida: má amamentação, desmame muito severo, ameaças de castração, mazelas da vida, etc. O eneagrama considera esses acontecimentos como parte de um *script*. Os acidentes são experiências, *scripts* necessários para a descoberta da verdadeira natureza do ser e de sua intenção profunda. Em cada um dos nove tipos, incorporamos uma infância, não de modo casual, mas para manifestar o projeto fundamental de cada um. Vive-se uma infância que se desenrola em conformidade com a qualidade divina presente em cada tipo, para permitir relembrar o que foi esquecido na formação do ego.

ACORDE! Um Eu dorme em Você

A liberdade exerce seu papel duas vezes na psicologia do eneagrama: primeiro, no esquecimento de nossa verdadeira natureza, desenvolvendo em cada tipo uma paixão: raiva, orgulho, ilusão, inveja, avareza, medo, prazer, luxúria e preguiça; depois, quando nos torna conscientes de nosso tipo, o que permite que nos conectemos com nossa origem divina e nos tornemos livres para não acreditar e permanecer em um tipo psicológico.

O eneagrama nos convida a explorar cada um dos tipos e ver qual descreve nossa personalidade da melhor forma, gerando nossos comportamentos, pensamentos e sentimentos. Convida-nos a viver a plenitude de cada tipo, permitindo expandir a consciência de nossas qualidades, mas ao mesmo tempo integrando na personalidade todos os defeitos. Integrar os defeitos não significa acolhê-los, e sim a possibilidade de com eles e por meio deles encontrar as virtudes e as qualidades presentes em cada tipo.

A inteligência emocional, elemento que possibilita viver melhor consigo mesmo e com os outros, só pode ser alcançada com a integração das qualidades e dos defeitos. O eneagrama diz que as virtudes e as qualidades são recalcadas na formação da personalidade.

Enriquecendo o eneagrama, traremos os conhecimentos da Psicologia Transpessoal, em especial os da Abordagem Integrativa Transpessoal (Saldanha, 2006) sobre a personalidade e sobre a espiritualidade, meditação e perguntas relevantes para cada tipo. Essas ferramentas permitem entrar em contato com a inteligência espiritual que foi reprimida e resgatá-la com mais assertividade.

No momento atual, não há mais um eneagrama, mas eneagramas que se diferenciam mais e mais, dependendo da escola que o utiliza em suas teorias e práticas. Alguns autores atuais e sobretudo seu uso em organizações empresariais descartaram seu caráter espiritual e a ligação dos tipos com uma inteligência espiritual.

OS NOMES DE DEUS

"Deus revela seus nomes para os apagar em seguida na Presença."

Tanto na tradição *sufi* quanto na judaica, a evocação de um nome de Deus é utilizada como exercício para um caminho de progressão espiritual.

O eneagrama traz em sua base a ideia de que o autoconhecimento genuíno só pode se realizar pela experienciação do sagrado desse arquétipo presente em nós. Edward Edinger, discípulo de Jung, afirma que o sucesso em uma psicoterapia que leva o sujeito a uma vida saudável depende fundamentalmente do encontro entre o ego e a imagem arquetípica de Deus. O diálogo entre o ego e o arquétipo de Deus resultante é essencial para a autodescoberta e pode oferecer uma nova vida às pessoas que ousarem buscar dentro de si esse encontro.

ACORDE! Um Eu dorme em Você

Tanto o sufismo como os padres do deserto têm em comum práticas de evolução pessoal: o silêncio, a meditação, a ascese, o conhecimento de si mesmo como meio de acessar e experienciar a imago Dei.

Segundo Eric, o sufismo repousa sobre um elemento-chave: o *jihad*, a guerra santa contra o ego.

Preferimos entender essa guerra santa como um encontro entre o ego e a imago Dei.

Muitas Imagos Dei são comuns entre as três principais correntes espirituais monoteístas do Ocidente: o judaísmo, o cristianismo e o islamismo. No eneagrama sagrado, a imago Dei e o ego formam uma dupla natureza, a dimensão divina e a dimensão humana. Esta última escondida e adormecida em cada pessoa. Essas duas naturezas, na realidade, são uma única. "Não se divide aquilo que Deus uniu." O significado do nome de Deus específico para cada pessoa exerce sobre a formação da personalidade uma força motriz. Nos mandamentos da lei judaica e também no islamismo há uma imensa reverência ao nome de Deus. Seus seguidores tomavam todo o cuidado ao pronunciar o nome de Deus porque seu nome é santo; em contrapartida, também achavam que um só nome não seria suficiente para expressar a "multiforme graça de Deus". De acordo com a situação que viviam, expressavam um nome de Deus que declarava o poder dele para resolver seus problemas e sua fé na capacidade divina. Em diversos momentos da história de Israel, quando Deus livrava as pessoas que lá viviam de algo, elas associavam sua necessidade a um nome divino (EL ou JEOVÁ), expressando sua fé no Senhor. Os nomes de Deus mostram os atributos divinos e permitem compreender melhor quem é Deus e também os tipos psicológicos. Deus e o humano em nós.

Na formação da personalidade, o nome de Deus é escondido, aterrado, e sobre ele construímos outro edifício. Esse outro edifício é adaptado às necessidades de sobrevivência e de autoestima e elogios. Não sentimos autoestima naturalmente, precisamos dos elogios dos outros para nos sentir plenos.

Podemos dar a esse novo edifício o nome de ego. O nome de Deus em cada tipo divino é distorcido, virado do avesso, e gera o vício correspondente. Veremos agora como esse novo edifício é construído.

1. Os nomes de Deus no ponto 1: o Perfeito

Os nomes de Deus: Adonay, Senhor, Jeová.

O Senhor é Reto. O soberano, Senhor perfeito. É nosso desejo de fazer bem-feito, nosso nível de exigência, nossa vontade de perfeição, nossa necessidade de ser irrepreensível. A partir do nome divino, podemos chamar o tipo 1 de: "o Soberano". Ele quer refletir o atributo divino da perfeição. A perfeição divina. É por esse prisma que o 1 vai desenvolver seu *modus operandi* no mundo.

Quando o 1 percebe a realidade a partir do ponto de vista da ideia divina, chamada a perfeição divina, vê que a natureza fundamental de todas as coisas, incluindo a dele próprio, é intrinsecamente perfeita, boa e positiva.

1.2 Mobiliza e determina no tipo 1 a ideia divina: perfeição divina

Essa ideia divina mobiliza e, em certo sentido, determina no tipo 1 a busca por qualidade, por fazer o melhor, por ser correto, ético e verdadeiro, íntegro. Ser perfeito!

Diziam os mestres sufis que, ao abandonar o seio de Deus, a primeira dimensão que temos vontade de realizar sobre a terra é a da perfeição. Mesmo os desencorajamentos e os amargores da vida não o abalam. Abraham Maslow dizia que, mesmo nas pessoas mais comprometidas mentalmente e nos assassinos, a dimensão positiva, a dimensão de um devir de "humanidade", está sempre presente. Nada apaga definitivamente a ideia de divino presente em nós.

ACORDE! Um Eu dorme em Você

Jesus pediu-nos: "Sejam perfeitos como vosso Pai Celeste é perfeito".

1.3 Gerando uma virtude: serenidade

O termo "serenidade" empregado aqui refere-se à capacidade de lidar, com docilidade e tolerância, com as situações mais adversas, especialmente com aquelas que não dependem de nós.

2. Os nomes de Deus no ponto 2: Deus Mãe

Na história, encontramos as ideias do nome de Deus em: Ártemis de Éfeso, que tinha o título de Mãe de Deus – seu templo foi uma das sete maravilhas do mundo; Maria, no cristianismo, detinha o título de mãe de Deus, Theotókos.

O lugar da mãe divina é excepcional, e ela foi reconhecida em todas as religiões. Ela é Cibele, a grande mãe; ou Déméter, a mãe dos deuses.

Para os budistas, esse papel é das cinco taras (estrelas). Quando o 2 percebe a realidade a partir do ponto de vista da ideia divina, chamada a vontade divina, vê que tudo o que acontece em sua vida faz parte desse divino querer.

2.1 Manifesta-se em tipos humanos – exemplos

Os muçulmanos perceberam que o atributo Arrahîm significa também a matriz e que podemos chamar Allah, a matriz das matrizes.

Inúmeros são os santos da mãe divina: Vicente de Paula, Thereza do Menino Jesus, Pedro, Lady Diana e também enfermeiras e aqueles que ajudam os necessitados.

2.2 Mobiliza e determina no tipo 2 a ideia divina: vontade divina – ser amorosa

Evoca o amor caridoso, a devoção, o socorro, a compaixão. A mãe divina representa o lado feminino de Deus.

Aquele que virá à Terra para encarnar sua compaixão, seu amor, seu lado caridoso. Representa o lado divino e grande sensibilidade ao sofrimento, à dor, à vontade de ajudar, de cuidar. A mãe divina é amorosa, servil, atenciosa, generosa, devotada, pronta a se sacrificar de maneira despojada.

2.3 Gerando uma virtude: humildade

A mãe divina exerce todas essas qualidades mantendo-se na "humildade". Essa ideia divina, quando presente na personalidade 2, faz com que a pessoa não pense no bem que realiza, ela simplesmente age. Não deve enxergar nem saber o que faz, ela faz naturalmente, sem se dar conta.

3. Os nomes de Deus no ponto 3: o Grande Mágico

Senhor criador de todas as coisas, Jeová, o Senhor que nos criou, "o Combatente", "o Êxito", "o Vitorioso". Quando o 3 percebe a realidade a partir do ponto de vista da ideia divina, chamada a Lei Divina, vê que tudo quanto acontece faz parte do padrão mutável do Universo, e não há nada nem ninguém que opere separadamente do movimento do todo. O Universo é uma teia de interligamentos. Todos os reinos estão interligados.

3.1 Manifesta-se em tipos humanos – exemplos

Podemos citar todos aqueles que realizaram grandes obras: Magalhães, Cristóvão Colombo, Ford, Eiffel, Santo Ignácio de Loyola. Os hindus rezam para o deus Ganesh, aquele que apaga os obstáculos, abre as portas e facilita os caminhos.

3.2 Mobiliza e determina no tipo 3 a ideia divina: a Lei Divina – o realizador

Cria a necessidade de o tipo 3 vencer tudo o que deseja e o que empreende, pois imprime nesse tipo o desejo de sucesso. Esse desejo de realizar "a obra de Deus" sobre a Terra mobiliza na personalidade o medo do fracasso e a necessidade de ter de ser vencedor, exitoso.

ACORDE! Um Eu dorme em Você

O 3 é o realizador ativo que tudo vence. Os obstáculos são transformados em oportunidades. Nada retém o tipo 3. O espírito empreendedor está em agir, criar, realizar e vencer! Ele "se acha" o realizador da obra de Deus sobre a Terra. Essa energia poderosa do ponto de vista material torna o 3 um criador visionário e realizador.

3.3 Gerando uma virtude: verdade

Essa realização só é possível com a virtude indispensável que lhe corresponde: a "verdade".

O tipo 3 só terá sucesso autêntico se permanecer verdadeiro. Quando utiliza a máscara da personalidade, distorce a verdade e torna-se um enganador. O 3 sem a virtude da verdade não é autossustentável.

4. Os nomes de Deus no ponto 4: o Artista

Os nomes de Deus, o Artista, que lhe correspondem são: Amor, Criador da Luz, Pleno de Glória, que dá beleza, Pleno de Majestade. Quando o 4 percebe a realidade a partir do ponto de vista da ideia divina, chamada a origem divina, vê que a verdadeira natureza é a fonte de toda manifestação, incluindo ele mesmo, e que todas as coisas são inseparáveis dela. O 4 é um ponto fundamental no eneagrama, tanto no sagrado quanto no da personalidade, pois representa a origem divina. O 4 representa a origem de nossa alma, o lugar onde Deus nos lembra de nossa verdadeira natureza.

4.1 Manifesta-se em tipos humanos – exemplos

O artista divino é Orfeu, que encanta os animais selvagens com a lyra ou krishna e sua flauta divina, o bardo dos druidas. Todos os criadores de artes sacras anônimas das catedrais, de mandalas, de ícones ou ainda artistas célebres, como Fra Angélico e Giotto, são exemplos desse tipo.

Na história da arte, esse tipo encontra-se, sobretudo, na época do romantismo: na Grã-Bretanha, com William Blake e Oscar Wilde; na Alemanha, com Beethoven. No Brasil, encontra-se no realismo, com Machado de Assis.

Nos grandes místicos do cristianismo, esse comportamento e vida estavam presentes em Francisco de Assis, São João da Cruz, entre outros.

4.2 Mobiliza e determina no tipo 4 a ideia divina: origem divina – beleza e originalidade

Desperta no tipo 4 a necessidade da beleza e da originalidade, o sentimento de majestade e singularidade divina.

O artista divino viu o esplendor de Deus e ficou fascinado por tanta beleza, por isso não quer perdê-la um só minuto. Então, ele passa sua vida a reproduzi-la e divulgá-la em tudo. Isso somente se dá em sua plenitude, quando se sente em união com o divino e vivenciando sua originalidade. Tudo deve ser belo, original e único. Ele é único como Deus.

4.3 Gerando uma virtude: originalidade

A "originalidade" é a qualidade do que é inusitado, do que não foi ainda imaginado, dito, feito, inovação, singularidade. O 4 tem a capacidade de expressar-se de modo independente e individual. Originalidade é sua habilidade criativa – a criatividade em sua plenitude.

5. Os nomes de Deus no ponto 5: o Filósofo Místico

O ponto 5 é o Deus que tudo vê, racional, racional superior. Os nomes de Deus que lhe correspondem nesse tipo são: o Onisciente, o Bem Informado, o Comportado. Quando o tipo 5 percebe a realidade a partir do ponto de vista da ideia divina, chamada a onisciência divina, vê que cada um de nós é uma parte inalienável do tecido da realidade e que os limites que nos separam não são irredutíveis. Onisciência é deter todo o saber, saber tudo que seja cognoscível, incluindo pensamentos, sentimentos, vida, passado, presente, futuro e todo o Universo. Onisciência deve ser entendida e complementada pela "atemporalidade". O conhecimento de Deus é arquetípico: Ele conhece o Universo em sua própria ideia, antes que viesse a existir como realidade finita no tempo e no espaço.

ACORDE! Um Eu dorme em Você

5.1 Manifesta-se em tipos humanos – exemplos

A deusa típica é Minerva ou Atenas, que saiu já adulta do crânio de seu pai, Zeus, onde ela é a Anima.

Na corrente judaico-cristã, recebeu a sabedoria de Salomão, tornando-se depois Sofia, de quem só resta a Basílica de Santa Sofia de Constantinopla e o livro Pistis Sofia dos gnósticos. Na religião hindu, a deusa Sarasvati corresponde a Brahma, a deusa dos estudos dos Vedas, mas também da música.

5.2 Mobiliza e determina no tipo 5 a ideia divina: conhecer tudo

Necessidade de saber tudo, de criar com a ciência um lugar iluminado pelo conhecimento. Não se pode permanecer na ignorância, já que Deus é onisciência.

Para o tipo 5, nada pode permanecer escondido nem desconhecido, para ele não pode haver segredos. Ele tem a ciência absoluta. Sabe tudo. É onisciente, assim como Deus.

5.3 Gerando uma virtude: desprendimento

A virtude essencial para permanecer em sua essência é o "desprendimento". Abnegação, altruísmo, independência. No desprendimento, o conhecimento é de todos e deve ser partilhado generosamente. Ninguém deve guardá-lo para si. Convida-nos a não reter nada, viver e praticar o mais soberano desprendimento.

6. Os nomes de Deus no ponto 6: o Herói Guerreiro

Os nomes de Deus: El Elion Norah – o Senhor Deus Altíssimo e Tremendo; o mysterium tremendum. Os nomes de Deus que lhe correspondem nesse tipo são: o Invencível, o Testemunho, o Fortíssimo. A partir da ideia do mysterium tremendum, Rudolf Otto cunhou o termo numinoso, que Jung utilizou em sua psicologia.

Quando o 6 percebe a realidade a partir do ponto de vista da ideia divina, chamada a fé divina, percebe com absoluta certeza que a nossa natureza íntima é a essência, e esse conhecimento o sustenta e lhe dá confiança em si mesmo e na realidade como um todo.

6.1 Manifesta-se em tipos humanos – exemplos

Na mitologia, o tipo do herói é Hércules (filho de um deus e de uma mulher), que durante toda a vida realizou proezas com os 12 trabalhos. Na tradição cristã, essas também são características de Jesus, que com seu sacrifício veio para salvar a humanidade e defender os fracos e oprimidos. O guerreiro típico é o cavaleiro total: Ricardo Coração de Leão. Há, ainda, os justiceiros, como Robin Hood e Zorro; e, nas profissões, os advogados e os jesuítas, estes soldados de Deus e do papa.

6.2 Mobiliza e determina no tipo 6 a ideia divina: fé divina – ser leal

Mobiliza e determina no tipo 6 a coragem e a lealdade. Ser leal!

A ideia divina é a da lealdade a Deus, a confiança total nele e em amigos leais.

6.3 Gerando uma virtude: coragem

A virtude essencial para o 6 permanecer em sua essência é a "coragem". Não temer e guardar a confiança. Uma pessoa corajosa é aquela que, mesmo com amor, faz o que tem de fazer.

Coragem é a confiança que o homem tem em momentos de temor ou situações difíceis, é o que o faz viver lutando e enfrentando os problemas e as barreiras que impõem medo, é a força positiva para combater momentos tenebrosos da vida. Não temer e confiar.

7. Os nomes de Deus no ponto 7: a Criança Mágica

Os nomes de Deus: o Senhor proverá, Deus proverá. Ainda os nomes de Deus que lhe correspondem nesse tipo são: o Vivente, o Herdeiro. O tipo 7 é ainda chamado de "o Inocente", o Brincante. A ideia divina do ponto 7 é o plano divino.

ACORDE! Um Eu dorme em Você

Quando o 7 percebe a realidade a partir do ponto de vista da ideia divina, chamada o plano divino, percebe que a Terra, o ser humano tem um grande plano divino. A vida dele tem um projeto, há uma missão a cumprir. Assim, também o movimento da alma humana é dotado de uma lógica e de um sentido intrínseco e tende naturalmente à realização, como a lagarta transforma-se naturalmente em borboleta.

7.1 Manifesta-se em tipos humanos – exemplos

Nas religiões, essa criança inocente e mágica é fascinante, e a encontramos tanto no menino Jesus, no Ocidente, quanto no pequeno Krishna, na Índia. É a criança brincante que tudo vence.

São espíritos inocentes, aqueles que personificam a felicidade e a naturalidade plena. Na literatura, podemos encontrar esse tipo nos personagens Pequeno Príncipe, de Saint-Exupéry; Alice, de Lewis Caroll; ou Branca de Neve, dos Irmãos Grimm.

7.2 Mobiliza e determina no tipo 7 a ideia divina: plano divino – prazer de viver

A ideia divina é a do prazer de viver e viver com alegria. O tipo 7 permite-se viver as sensações e as emoções agradáveis, ligadas à satisfação de uma vontade, uma necessidade, do exercício harmonioso das atividades vitais. O 7 vive com alegria, contentamento, júbilo e satisfação.

7.3 Gerando uma virtude: sobriedade

A palavra "sobriedade", em sua primeira acepção, significa esperança, sabedoria no comer e no beber. No entanto, na Bíblia ela é utilizada para designar comedimento, moderação, naturalidade, equilíbrio, ausência de complicação e simplicidade.

8. Os nomes de Deus no ponto 8: o Chefe

Os nomes de Deus: o Senhor teu Deus, Salva-o, Senhor Todo-Poderoso. Os nomes de Deus que lhe correspondem nesse tipo são: a Autoridade Suprema, o Justo, o Mestre. O tipo 8 é também chamado de o Comandante, *the Boss*, o Chefe.

8.1 Manifesta-se em tipos humanos – exemplos

Zeus ou os tiranos que querem controlar tudo. Na história pensamos em Alexandre, o Grande; César; Napoleão Bonaparte; Amin Dada; Bokassa I; Fidel Castro; Getúlio Vargas.

8.2 Mobiliza e determina no tipo 8 a ideia divina: a verdade

Essa ideia divina faz com que o tipo 8 sinta-se o chefe e desperta-lhe a necessidade de se fazer obedecer, de ser o chefe e tudo reger. Ser o chefe!

O tipo 8 sente que tem de fazer reinar a justiça divina sobre a Terra. Deve-se reparar as injustiças e, por e para isso, dominar, comandar. O 8 sente-se o representante divino de Deus sobre a Terra.

8.3 Gerando uma virtude: verdade divina

A ideia divina do tipo 8 é a "verdade divina". Quando o 8 é iluminado e percebe a realidade a partir do ponto de vista da ideia divina, chamada a verdade divina, vê que o ser é a natureza última de tudo quanto existe e que todas as dualidades, personalidade e espírito, Deus e o mundo, o espírito e a matéria, o ego e a essência, são ilusões. Separar Deus e o mundo é uma ilusão!

9. Os nomes de Deus no ponto 9: o Conciliador

Os nomes de Deus que lhe correspondem nesse tipo são: o Santo (o Espírito Santo, de Paracleto); o Árbitro, que nos santifica; o Libertador; o Juiz. O tipo 9 é visto como o mediador ou o santo. A ideia divina do tipo 9 é a do amor divino. O 9 percebe a realidade a partir do ponto de vista da ideia divina, chamada o amor divino, sente com facilidade que a natureza última de todas as coisas que existem é benévola e amorosa, que cada um de nós é feito desse mesmo amor e é uma expressão desse amor. "Deus é amor".

ACORDE! Um Eu dorme em Você

9.1 Manifesta-se em tipos humanos – exemplos

No cristianismo podemos evocar o Espírito Santo.

Nas biografias em Santo Luís IX, Gandhi, Thomas Moore e São Francisco de Assis.

9.2 Mobiliza e determina no tipo 9 a ideia divina: o amor divino

A necessidade de colocar todo mundo de acordo, de cessar os conflitos e fazer reinar na Terra a harmonia. Ser harmonioso!

Fazer reinar a paz sobre a Terra. Paz na Terra aos homens de boa vontade. Harmonia, conciliação e vida sem conflito tornam-se o objetivo principal do tipo 9.

9.3 Gerando uma virtude: ação justa

O tipo 9, quando redimido, é capaz de executar uma ação indispensável, necessária, insubstituível e indeclinável.

Eneagrama dos nomes de Deus

9 – Deus, o Conciliador
8 – Deus, o Chefe
1 – Deus, o Perfeito
7 – Deus, a Criança Mágica
2 – Deus, a Mãe
6 – Deus, o Guerreiro
3 – Deus, o Grande Mágico
5 – Deus, o Filósofo Místico
4 – Deus, o Artista

Luiz Carlos Garcia & Vera Saldanha

AS IDEIAS DIVINAS

"Eu não te vi descer, mas agora eu te vejo subir." (Evangelho de Maria Madalena)

O eneagrama sagrado afirma que já nascemos com uma ideia divina.

A ideia divina não é um conceito para os mestres nem um misto do cristianismo e do sufismo, mas a percepção de uma vivência pessoal da realidade de Deus. É um ponto de vista pelo qual a pessoa percebe, vive e compreende Deus. Lembrando que essa vivência e compreensão de Deus está deturpada na maioria das pessoas, em razão das percepções, das emoções e das crenças disfuncionais que formam a personalidade delas, pois esta está contaminada pelas experiências subjetivas de cada tipo psicológico. A ideia divina fica reprimida em nosso inconsciente, mas algo escapa, e sentimos saudade de quem realmente somos.

Somente os santos e os iluminados, em momentos de contemplação e união, têm uma percepção lúcida de Deus. No entanto, cada tipo psicológico traz um ponto de vista particular a respeito de Deus. Trata-se da ideia divina.

ACORDE! Um Eu dorme em Você

Nascemos com a semente do divino, com o incondicionado em nós. A personalidade humana inicia com uma virtude do incondicionado, portanto uma qualidade do divino presente no ser humano. A virtude divina em nós será a semente distorcida, virada do avesso, e formará um vício básico que determina a personalidade humana.

Pelo fato de sermos humanos, nascemos com todas as ideias divinas, e isso nos credencia a ver a realidade dos nove pontos de vista. Porém, há um ponto que nos atrai mais, o qual é determinado por uma ideia divina específica e presente em cada tipo. Com base em nossas experiências e nas memórias presentes em nós, vamos perdendo contato com nossa ideia divina. Assim, passamos a olhar, sentir e interpretar os acontecimentos de forma estereotipada. Fixamos em um ponto e nos iludimos sobre a realidade e a nossa verdadeira natureza. A isso, o eneagrama chama de fixação.

Na composição da personalidade, a ideia divina é idealizada e transformada em seu oposto, o vício psicológico. A memória da ideia divina continua em nós, mas o ego sabota sua atuação e sua presença (ele tem sua autonomia), e ficamos impedidos de nos religar à ideia divina.

Em nossa infância, perdemos contato com a dimensão divina como produto do condicionamento. Algo em nós tenta se agarrar à virtude na tentativa de resgatar nossa inteligência espiritual, mas o ego vence. Perdemos o presente (aqui e agora) e projetamos tudo no futuro. O ego despreparado, inflexível, queixoso, reativo, rígido ou imaturo nos tira do presente (o aqui e agora) e nos afasta da presença do divino.

A ideia divina determina o modo de infância

A fixação e a paixão dominante definem o "clima emocional" que desenvolveremos em nossa infância, e isso vai nos determinar uma forma de sentir e de pensar pelo resto de nossa vida senão a transformarmos. Para o eneagrama sagrado não são as vivências nem os mecanismos psicológicos que determinam como a criança reagirá às circunstâncias da vida, mas sim a influência do tipo psicológico. A criança reagirá às circunstâncias da vida com o olhar de um tipo psicológico especificado a partir da ideia divina distorcida na fixação e na paixão correspondente.

A ideia divina consolida a autoimagem

A autoimagem é fundamental na qualidade de vida, na abertura de possibilidades positivas e na felicidade de uma pessoa. O tipo psicológico, com sua fixação e seus vícios emocionais correspondentes, cria nossa autoimagem. As crenças e as emoções disfuncionais, bases da autoimagem, determinam os comportamentos, as emoções e os pensamentos. Sem base na realidade objetiva, distorcemos a realidade e nossa capacidade de percepção lúcida. A autoimagem torna-se um filtro que distorce a realidade objetiva de nossas vivências e percepções de mundo.

A ideia divina e as virtudes persistem porque são o melhor em nós

Apesar de o ego vencer na primeira etapa da vida, a ideia divina e as virtudes persistem, nunca se apagam. A ideia divina persiste por mais deteriorada que esteja a personalidade, por mais que o sujeito tenha vivenciado traumas, por mais doente mental que possa estar; a semente divina sempre está presente. A ideia divina é parte inerente da biologia humana. A seguir a ideia divina em cada tipo:

A ideia divina no ponto 1

O nome de Deus no ponto 1 mobiliza e determina a ideia divina de perfeição. Essa ideia mobiliza e, em certo sentido, determina no tipo 1 a busca da qualidade, de fazer o melhor, de ser correto, ético e verdadeiro, íntegro. Ser perfeito! A ideia divina que está por trás do desejo de ser perfeito é a lembrança do paraíso perdido.

O objetivo do tipo 1 é manifestar e realizar na vida a perfeição divina. Tudo deve ser perfeito. Para o ponto 1, Deus é a perfeição, e essa crença se estende a todos, portanto a natureza fundamental dos seres humanos é a perfeição. O desejo fun-

ACORDE! Um Eu dorme em Você

damental do tipo 1 é ser perfeito, assim como Deus é perfeito. Na sequência iremos resumir a ideia divina em cada ponto.

A ideia divina no ponto 2

O nome de Deus no ponto 2 mobiliza e determina a ideia de vontade divina. Para o ponto 2, a ideia divina é a vontade divina. Tudo deve ser realizado a partir da vontade de Deus. É a vontade de Deus! Há uma entrega total a essa vontade.

A ideia divina no ponto 3

O nome de Deus no ponto 3 mobiliza e determina a ideia divina de lei. Para o ponto 3, a ideia divina é a lei divina. A lei divina é a crença fundamental de que tudo está ligado à vontade de Deus, nada opera separadamente; são as leis divinas que regem o mundo. Na personalidade 3, a lei divina manifesta-se como adequação, otimismo e liderança.

A ideia divina no ponto 4

O nome de Deus no ponto 4 mobiliza e determina a ideia divina de origem divina. Deus é a origem de tudo no Universo, tudo é a manifestação do divino.

A ideia divina no ponto 5

O nome de Deus no ponto 5 mobiliza e determina a ideia divina de onisciência. O divino tudo conhece, tudo sabe. Ele está presente em tudo, portanto o conhecimento de tudo lhe é absoluto.

A ideia divina no ponto 6

O nome de Deus no ponto 6 mobiliza e determina a ideia divina de fé. Para o ponto 6, a fé divina traz a certeza e a confiança absoluta de que sua natureza é a essência divina.

A ideia divina no ponto 7

O nome de Deus no ponto 7 mobiliza e determina a ideia divina de plano divino. Para o ponto 7, tudo no Universo é dotado de uma lógica e de um sentido positivo e tende à realização; tudo é parte de um plano divino. Teilhard de Chardin dizia que tudo converge, tudo evolui para Deus.

A ideia divina no ponto 8

O nome de Deus no ponto 8 mobiliza e determina a ideia divina de verdade divina. Para o 8, a verdade última é a não separatividade de tudo, a não dualidade. Não há uma realidade Deus/mundo, matéria/espírito. Tudo faz parte de um todo integrado.

A ideia divina no ponto 9

O nome de Deus no ponto 9 gera a experiência da realidade a partir da ideia divina de amor divino. Deus é amor. O tipo 9 vai sentir que a natureza última de todas as coisas é o amor. Tudo é belo, tudo é bom! Para o 9, o ser humano é feito do amor, portanto sua índole é de amorosidade. Sua crença básica é que tudo vem desse amor, tudo é expressão do amor.

AS VIRTUDES DIVINAS

ACORDE! Um Eu dorme em Você

No eneagrama sagrado há uma ideia central, há uma presença no ser humano: uma qualidade divina. Para que se mantenha integrado em uma unidade, o ser humano precisa permanecer na qualidade divina que lhe corresponde, pois essa é sua essência. A condição fundamental para que a essência sagrada esteja presente é praticar a virtude correspondente ao tipo psicológico. A virtude é uma expressão da inteligência espiritual. "Virtude é uma qualidade particular, pessoal, é uma disposição estável de praticar o bem; revela mais do que uma simples característica ou uma aptidão para uma determinada ação boa, trata-se de uma verdadeira inclinação". (Aristóteles)

Portanto, a prática da virtude é a luz que ilumina a personalidade e traz saúde e bem-estar pessoal, social e ambiental. Os primeiros anos de vida são fundamentais para a formação do tipo psicológico e, consequentemente, da personalidade.

A repressão da qualidade divina implica um erro cognitivo, um empobrecimento da atenção, "uma queda", um limite perceptivo que altera a qualidade da percepção, escondendo a virtude, que é a qualidade divina que trazemos como presente no nascimento. O ego, distorcendo a percepção, nossa história factual e as vivências infantis, deixa a qualidade divina em segundo plano, fazendo com que o vício faça oposição à virtude.

As tradições espirituais do Ocidente têm como ideia central a divindade. Um ser criador, fora do tempo e do espaço, que nunca nasceu nem nunca morreu, não está sujeito às leis e às dimensões que regem o cosmo, pois ele é a origem de tudo. A jornada de descida (do incondicionado ao condicionado) é o início do caminho que o eneagrama apresenta para a formação da personalidade.

A personalidade humana inicia com uma virtude do incondicionado, uma qualidade do divino presente em nós. Não será a virtude que comandará a personalidade, e sim o vício correspondente! A ideia divina tem uma relação direta com os aspectos idealizados do ego. Na formação da personalidade, o ego idealiza a ideia divina e a transforma em seu oposto, o vício psicológico. A memória da ideia divina continua em nós, mas é sabotada pelo ego, que não permite que nos religuemos à ideia divina.

Em nossa infância, perdemos contato com a dimensão divina como consequência do condicionamento, do ajustamento ao desejo da sociedade e da convivência com pessoas que também perderam contato com sua essência.

Substitui-se a ideia divina pela paixão dominante de cada eneatipo. Na medida certa, devemos entender que também se trata de uma energia poderosa e positiva, pois por meio dela o indivíduo poderá acessar o conhecimento de quem ele é.

No desenvolvimento evolutivo do ser humano, Abraham Maslow evidenciou a importância do autoconhecimento para recuperar nossa essência. Ele diz que o processo de autoconhecimento permite emergir valores positivos, inerentes ao indivíduo, os quais lhe possibilitam se tornar o melhor de si mesmo.

Valor e virtude entrelaçam-se em seus conceitos, que significam a disposição habitual para o bem, a excelência, uma boa qualidade moral e ética. O termo "virtude" indica também uma qualidade própria para produzir certos e determinados resultados ou eficácia (Garcia, H.; Caldas, A., 1987).

Para que esse reconhecimento produza suas sementes promissoras, exige-se a virtude ou o valor da humildade. Sem eles, tropeçamos em nosso ego, em nossa arrogância, desviamos do caminho, criamos histórias que justificam heroicamente nossas ações e acreditamos nelas, nas mentiras que contamos a nós mesmos.

Tudo isso, claro, é muito bem articulado e fundamentado pelo nosso ego. Há estados muito mais elevados, "sábios" a serem integrados na consciência de vigília, para os quais ainda estamos inconscientes e adormecidos. Enquanto não os reconhecemos, não caminhamos, continuamos a construir castelos na areia e, de tempos em tempos, temos de tornar a edificá-los. O ego despreparado, inflexível, rígido ou imaturo sempre provoca muitas tempestades. A coragem de mergulhar em nosso inconsciente, de viver nossa sombra, de viver nossos paradoxos, de observar nosso melhor e nosso pior, a coragem de tentar muitas vezes e, mesmo se errar, persistir sempre, essa coragem é que relativiza o ego, colocando-o em seu lugar.

Quando estamos conscientes de nossas virtudes e forças e no processo de crescimento e desenvolvimento, estamos no melhor de nós mesmos.

Estar consciente de nosso lado positivo, de nossas emoções e de nossos pensamentos é a condição essencial para nos livrarmos do automatismo e do determinismo que o ego provoca. Quando, no processo de autoconhecimento, impedimos que o automatismo e o pior de nós se manifestem, abrimos espaço para que o melhor possa se manifestar. Estar consciente da tipologia é conhecer os mecanismos que nos impedem de amar. O amor não necessita ser procurado, ele está dentro de nós, mas não pode se manifestar se o ego e os empecilhos não forem trabalhados.

Um dos pontos principais da psicologia de Maslow, que influenciou a psicologia transpessoal e mais recentemente a psicologia positiva, é a ideia de focar nos aspectos positivos, nos processos de crescimento, desenvolvimento e espiritualidade, isto é, em nosso *self*. As forças e as virtudes são aspectos positivos e orientadores do crescimento.

A virtude divina no ponto 1: serenidade

A serenidade é a aceitação de si mesmo, da vida e das pessoas como são, mantendo sempre uma atitude realista, positiva e sábia em relação a tudo. A serenidade é a aceitação incondicional de como o outro e as coisas são. É não criar ilusões nem idealizar pessoas, objetos e ideias.

A virtude da "serenidade" gera forças que o ajudam a desenvolver e a crescer gradativa e solidamente.

A virtude divina no ponto 2: humildade

A "humildade" é a virtude que gera qualidades humanitárias que facilitam e harmonizam os relacionamentos humanos. São elas o amor, a generosidade, a cidadania, que resultam na inteligência social.

A virtude divina no ponto 3: veracidade

A "veracidade" é a virtude que impulsiona o crescimento econômico e social de forma sustentável, gerando qualidades como perseverança, otimismo e liderança inspiradora.

A virtude divina no ponto 4: equanimidade

A "equanimidade" é a virtude que pode ser definida como temperamento ou ânimo que não se altera em qualquer situação. Trata-se da imparcialidade, de um modo de julgar neutro, da opinião isenta de preferências pessoais; comedimento, sensatez de espírito, tranquilidade ou falta de perturbações.

Gera um empoderamento que desperta comportamentos construtivos no tipo 4: caloroso, compassivo, introspectivo, expressivo, criativo, intuitivo, colaborador, refinado, carismático e empático.

Essa virtude, quando praticada, permite ao tipo 4 maravilhar e ancorar com equilíbrio, sem se deixar levar por sentimentos de elação ou de depressão.

A virtude divina no ponto 5: desapego

O "desapego" é uma virtude que favorece a busca da sabedoria, pois implica qualidades cognitivas que envolvem a aquisição e o uso do conhecimento, como descobrir, ter mente aberta e amor ao aprendizado.

A virtude divina no ponto 6: coragem

A "coragem" é uma virtude que envolve a força emocional da determinação para encarar propósitos e objetivos, mesmo diante dos obstáculos e das oposições internas e externas. Além da coragem, estão envolvidos nessa virtude a prudência, o autocontrole e o perdão.

ACORDE! Um Eu dorme em Você

A virtude divina no ponto 7: sobriedade

A virtude da "sobriedade" é a qualidade daquele que é sóbrio, como a temperança no comer e no beber. Essa moderação implica ausência de artificialidade e de complicação. A sobriedade não tira do tipo 7 sua atitude de entusiasmo e alegria nem o sentimento de estar vivo e cheio de pique.

A virtude divina no ponto 8: inocência

In significa negação e nocentia, maldade. Logo, a inocência é a qualidade da alma isenta do mal, íntegra, temperante, reta.

A virtude divina no ponto 9: ação justa

A virtude da "ação justa" contempla o feito de atuar, o ato de realizar algo construtivo e com um propósito.

AS FORÇAS

Na psicologia positiva, as forças pessoais são habilidades preexistentes em cada tipo psicológico. Quando a pessoa utiliza suas forças, sente-se vitalizada, sua energia aumenta, e ela sente que a vida corre com fluidez. A performance na vida profissional depende de quanto o indivíduo utiliza suas forças.

Forças são reflexos da ideia divina que persistem na personalidade, são reflexos do sagrado que foram esquecidos na formação da personalidade.

O conceito de forças não faz parte da literatura do eneagrama, no entanto integramos este conceito pois elas são uma ferramenta fundamental para trabalhar os vícios e a fixação em cada tipo, bem como para desenvolver o aspecto saudável em cada um. Indica o impulso e poder que nos torna capaz de realizar ações. Estabelecemos uma correlação direta com virtude e valor, ou seja, o poder de realizar com eficácia e integridade algo bom.

As forças no ponto 1
 a) disciplina
 b) integridade/honestidade
 c) análise

a) Disciplina
Ser disciplinado é ter certo controle sobre o que se sente e se faz. Essa virtude relaciona-se com o controle sobre os apetites e as emoções, por exemplo, manter o objetivo de uma dieta.

b) Integridade/honestidade
Mostrar-se de forma genuína e autêntica e assumir a responsabilidade pelos próprios atos e sentimentos.

c) Análise
Buscar razões e causas. Ter capacidade de pensar sobre os fatores que afetam uma situação.

ACORDE! Um Eu dorme em Você

O tipo 1 no seu melhor é ético, confiável, produtivo, inteligente, idealista, justo, honesto, organizado, autodisciplinado, inspirador, cuidadoso, sereno, disciplinado e exigente.

As forças no ponto 2

A psicologia positiva define essas virtudes como forças humanitárias. São forças que envolvem os relacionamentos humanos:

a) bondade/generosidade
b) inteligência social/empatia
c) amar e ser amado

a) Bondade/generosidade

Relacionar-se com gentileza, compaixão e amor altruísta. Gostar de fazer favores e boas ações para os outros.

b) Inteligência social/empatia

Estar consciente dos motivos e dos sentimentos das outras pessoas e conseguir responder adequadamente a eles.

c) Amar e ser amado

Valorizar os relacionamentos próximos, especialmente os que envolvem o cuidado e o afeto mútuo.

As forças no ponto 3

As forças que impulsionam o crescimento econômico e social de forma sustentável.

Na psicologia positiva correspondem às seguintes forças:

a) realização/ação
b) perseverança/persistência
c) competição

a) Realização/ação

Sentir-se mobilizado a atingir metas. Estar sempre engajado em ações para realizar e conquistar objetivos e metas.

b) Perseverança/persistência

Concluir aquilo que inicia. Persistir no curso de uma ação ou um propósito. Ir até o fim, independentemente dos obstáculos.

c) Competição

Medir o próprio avanço em relação ao desempenho dos demais. Esforçar-se para ser o primeiro e deleitar-se com a disputa.

As forças no ponto 4

    a) criatividade/originalidade

    b) apreciação da beleza

    c) futurismo

a) Criatividade – originalidade

Gostar de pensar em novas e produtivas formas de conceituar as coisas. Gostar de ser original e de inventar.

b) Apreciação da beleza

Sentir-se maravilhado e encantado. Apreciar as belezas, assim como os talentos, nos vários domínios da vida, na natureza, nas artes ou nas pessoas.

c) Futurismo

Inspirar-se no futuro e no que poderia ser. Inspirar outras pessoas com sua visão de futuro.

As forças no ponto 5

    a) descobridor/interessado

    b) mente aberta/imparcialidade

    c) apreciação pelo aprendizado

a) Descobridor/interessado

Abrir-se para novas experiências. Demonstrar curiosidade e interesse em novas experiências e descobertas, sejam interesses específicos (rosas ou orquídeas), sejam globais (culturas de diferentes países).

ACORDE! Um Eu dorme em Você

b) Mente aberta/imparcialidade

Pensar nas coisas examinando-as de diferentes ângulos. Estar sempre aberto a todas as evidências e pontos de vista. Ter facilidade para mudar o próprio ponto de vista.

c) Apreciação pelo aprendizado

Gostar de aprender coisas novas, seja em uma classe, seja por conta própria. Ter atração por estudar, ler ou pesquisar e buscar novas oportunidades de aprender.

As forças no ponto 6

a) cidadania/lealdade
b) coragem
c) prudência

a) Cidadania/lealdade

Trabalhar como membro de um grupo, sendo fiel a ele. Ser dedicado ao grupo, saber compartilhar seu tempo. Esforçar-se para o bem do grupo ou da comunidade de que participa.

b) Coragem

Não temer desafios, ameaças, dificuldades ou dor. Agir com convicção mesmo que seja incomum ou impopular.

c) Prudência

Ser cuidadoso nas escolhas que faz. Não assumir riscos desnecessários nem fazer coisas de que possa se arrepender.

As forças no ponto 7

a) entusiasmo/ vitalidade
b) otimismo/esperança
c) humor

a) Entusiasmo/vitalidade

Viver com entusiasmo e alegria, sentindo-se vivo, cheio de pique por quaisquer e todas as atividades.

b) Otimismo/esperança

Esperar o melhor do futuro e agir nesse sentido. Acreditar que de alguma forma pode influenciar seu futuro, gerando expectativa positiva acerca dele.

c) Humor

Gostar de fazer brincadeiras, rir e divertir-se, fazer as pessoas perceberem o lado engraçado das coisas.

As forças no ponto 8
    a) justiça/igualdade
    b) includente

a) Justiça/igualdade

Tratar as pessoas de modo similar ou idêntico. Não deixar que questões pessoais influenciem suas decisões sobre os outros. Dar a todos uma chance justa. Estar comprometido com a ideia de que as mesmas regras se aplicam a todos.

b) Includente

Ter postura de aceitação em relação aos que se sentem excluídos e se esforça para incluí-los.

As forças no tipo 9
    a) perspectiva/sabedoria
    b) humildade/modéstia
    c) adaptação/flexibilidade

a) Perspectiva/sabedoria

Ser capaz de prover amplos conselhos e novas visões aos outros. Ter formas de ver o mundo que façam sentido para si e para os outros.

b) Humildade/modéstia

Deixar que as ações falem por si mesmas. Não acreditar nem agir como se fosse melhor que os outros.

c) Adaptação/flexibilidade

Adaptar-se e ser flexível diante das situações. Mudar os planos quando as situações pedem.

PARTE 2

O ENEAGRAMA DA PERSONALIDADE

Luiz Carlos Garcia & Vera Saldanha

> "[...] quando a natureza do meu tipo me foi explicada, tive um dos momentos de maior vislumbre de minha vida. Agora, todos os tipos de eventos e de reações incompreensíveis em minha vida faziam pleno sentido retrospectivo para mim. E, mais importante ainda, pude ver a maneira básica pela qual era falho meu trato com a vida, e obtive um esboço geral das maneiras de trabalho para modificá-lo [...]"
>
> Charles Tart

Retomando o que vínhamos esclarecendo, para a formação da personalidade, o sagrado em nós é reprimido, virado de cabeça para baixo, e as qualidades e as virtudes ficam em estado latente. Apenas as forças sobrevivem como reflexo do sagrado. O ego distorce as ideias sagradas que possuímos por natureza e as convertem em seu oposto, o vício correspondente a cada tipo. Essa distorção é o mito da exclusão do paraíso, a fantasia de separatividade, e, consequentemente, significa o distanciamento do verdadeiro desejo espiritual, formando a ideia de uma personalidade individualizada e separada de tudo, que procura compulsivamente se autoafirmar.

Freud já dizia que o ego é incapaz de aceitar a realidade, sobretudo a realidade da finitude, da morte. Segundo a psicanálise, sendo o ego um ser no espaço e no tempo, ele é um ser para a morte. Uma das finalidades do ego é separar a realidade idealizada da realidade finita, da morte. O ego idealizado tem como subproduto gerar dualismos e oposições e, assim, conforme Jung, criar a persona, a parte aceita do ego, e a sombra, a parte reprimida.

Pierre Weil diz que trabalhar apenas a luz pode ser um caminho de autoengano, sobretudo em um mundo em que os valores materiais são altamente cultivados, tornando-se uma condição essencial para o sucesso.

O eneagrama sagrado nos mostra que o ego vive sobre e para si mesmo, impedindo que nos sintamos realizados. Ele é sempre

ACORDE! Um Eu dorme em Você

a autoimagem idealizada, um constructo, uma couraça de nossa rede defensiva, uma armadura que proporciona a falsa crença de que se está protegido. O ego não tem consciência nem sabe realmente quem é. Trata-se de uma caricatura da alma, uma redução personificada em um tipo psicológico. O convite evolutivo no eneagrama é no sentido de retornar a nossas condições originais, a nossa essência pura e imaculada, mas sem negar a sombra.

Cada ser humano é único, mas também possui algo universal. Carl Rogers dizia que aquilo que é mais pessoal é também mais universal. Nesse sentido, os nove tipos humanos revelam uma dimensão universal na singularidade de cada ser.

O eneagrama é um mapa que nos permite conhecer profundamente o território em que vive a personalidade humana. Alfred Korzybski (1879-1950) foi o criador da Semântica Geral, e cunhou a frase, "O mapa não é o território", devemos cuidar para não rotular nem reduzir ou, o que é pior, para não colocar o outro na cama de Procrusto, personagem da mitologia que oferecia hospedagem a todos. No entanto, para repousar, o hóspede era submetido a um teste, que consistia em colocá-lo sobre uma cama de tamanho padrão e, se ele fosse menor, era amarrado pelas mãos e pelos pés e esticado, caso fosse maior, tinha suas pernas cortadas para ajustar-se ao modelo.

Precisamos de cuidados para compreender o eneagrama e torná-lo um caminho de autoconhecimento e um instrumento de desenvolvimento pessoal, e não de rotulação.

Nos diagramas espirais, visualizamos um caminho de "descida", a queda. Mencionada em quase todas as tradições espirituais. É a passagem de um estado de virtude, da ideia divina que trazemos quando nascemos, para o desenvolvimento de uma estrutura egoica que nos instrumentaliza para viver em uma sociedade e nas diferentes culturas humanas. Assim, deixamos a pureza e a originalidade de nossa alma e nos fixamos em uma paixão.

As paixões referem-se a climas emocionais ou afetivos típicos de cada um dos tipos psicológicos. As paixões são modelos mentais emocionais e cognitivos, compulsivos e reativos. Cada paixão traz em si um núcleo condensado de emoções, pensamentos, comportamentos de grande intensidade. Portanto, esse "clima tenso e confuso" é a queda, a qual se refere a tradição cristã na passagem bíblica da expulsão de Adão e Eva do Paraíso.

Nascemos com um "pecado original" e, por isso, temos de nos esforçar muito para voltar ao Paraíso, para nos reconectar com o que perdemos. Essa perda do Paraíso, essa desconexão com a nossa essência, exige um esforço consciente para religar a nossa essência e, consequentemente, as nossas potencialidades.

Essa diminuição de consciência de quem somos é paradoxal, abre caminho para uma experiência humana de adaptação social, a qual Jung chamou de persona. É o início da construção de uma estrutura que se forma ao longo dos primeiros anos de vida.

Vamos usar a cebola como metáfora para a formação da personalidade. A cebola é formada por camadas, que formam o bulbo. A queda é a ocultação da virtude; portanto, no centro ou núcleo da cebola, está escondida a virtude. Ou seja, uma semente de um programa divino vai se escondendo no núcleo da cebola até que nossa essência se perde e o incondicionado fica reprimido, escondido, dando lugar ao condicionado. O processo de individuação – de crescimento, de atenção plena – é um trabalho que implica retirar as camadas que, de alguma forma, escondem o incondicionado em nós, a essência em cada um. Uma vez formada, a cebola esconde nossa dimensão divina, perdemos a experiência do ser. Descondicionar o condicionado não é tarefa tão simples. Se o ego é criado e alimenta-se dos conflitos, ele encobre o incondicionado, a espiritualidade. Nossa essência vai se tornando distante da consciência lúcida, e a consciência do pequeno eu toma seu lugar.

Como seres humanos em processo de vir a ser, criamos as camadas da cebola na primeira etapa de nossa vida. Na segunda, que é o processo de individuação, voltamos a ser quem somos, mas isso exige a desconstrução das camadas da cebola até que encontremos em seu centro nossa essência. Segundo o eneagrama sagrado a qualidade divina presente no nascimento torna cada tipo sensível a uma determinada ideia divina e traz implícita em si uma noção correlata: nasce-se predisposto a desenvolver um determinado tipo de personalidade.

O ser humano não é somente produto do condicionamento, mas nasce com uma predisposição a interpretar e cristalizar esse condicionamento de uma maneira específica. Podemos dizer que o condicionamento é moldado de acordo com a predisposição em desenvolver um tipo psicológico.

O tipo é a "casca da alma", constitui a camada exterior. Assim, à medida que nos identificamos com ele, acabamos nos tornando o pequeno eu e nos separando da imago Dei, ficando apenas na "casca". Perdemos contato com a virtude essencial e construímos a personalidade sobre uma caricatura da essência. O ego passa a ser o senhor e a verdade pessoal, distorcendo a verdadeira natureza da alma.

AS PAIXÕES

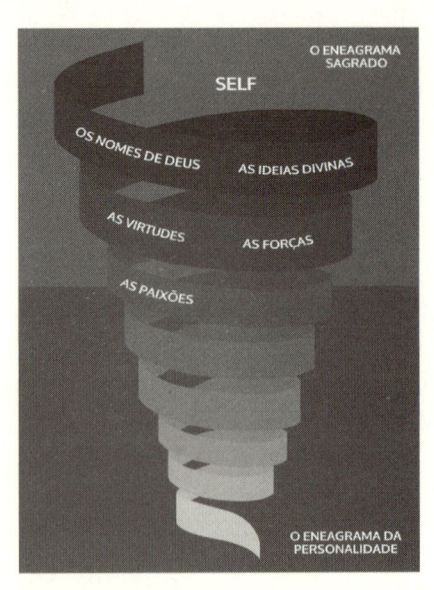

Cada tipo do eneagrama está fundamentado sobre uma paixão. Os antigos mestres do eneagrama diziam que as paixões eram formas de nunca se encontrar Deus, forças que nos separam do divino.

O eneagrama descreve nove paixões, nove formas de esconder Deus em nós. Pense na paixão como um "novelo de lã" em que a bordadeira foi amarrando os pedaços de lã que sobravam ao tecer seu casaco. Cores diferentes, pedaços diferentes, tamanhos diferentes, tempos diferentes, tudo em um só novelo, formando uma bola, um emaranhado, enfim, um jeito de organizar e armazenar o que sobrou e futuramente será utilizado pela bordadeira. Stanislav Grof chamou esse novelo de lã de "núcleo de experiência condensada". Para ele, toda patologia, todo transtorno mental, tem um núcleo de experiência condensada. Emoções, pensamentos, sentimentos, crenças e memórias vivem armazenadas nesse núcleo. A paixão é um núcleo de experiência condensada que cria o clima emocional e cognitivo que é específico em cada tipo.

As nove paixões formando as personalidades

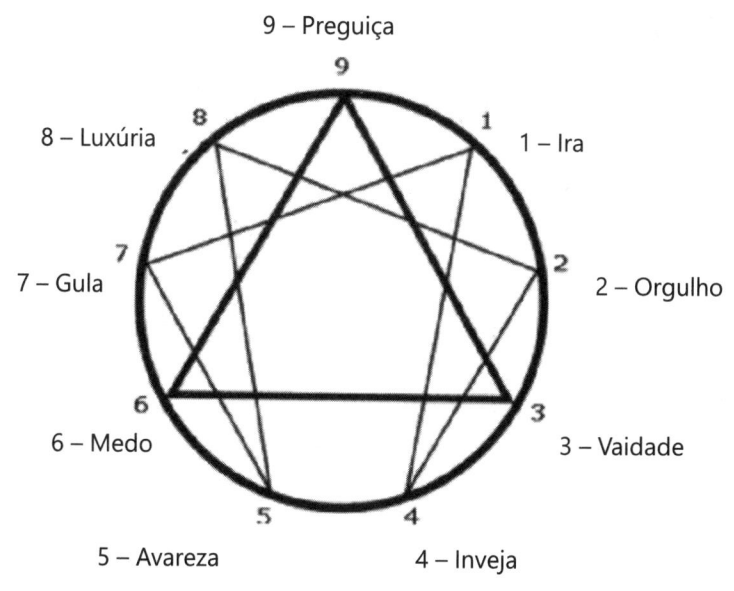

- 9 – Preguiça
- 8 – Luxúria
- 1 – Ira
- 7 – Gula
- 2 – Orgulho
- 6 – Medo
- 3 – Vaidade
- 5 – Avareza
- 4 – Inveja

AS FIXAÇÕES

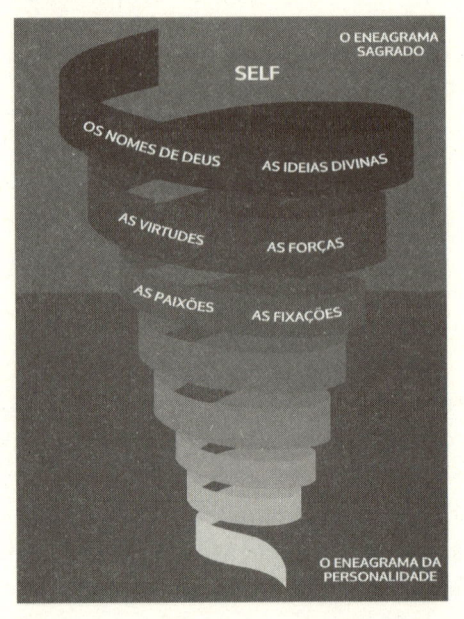

Figura: espiral com os níveis — O ENEAGRAMA SAGRADO, SELF, OS NOMES DE DEUS, AS IDEIAS DIVINAS, AS VIRTUDES, AS FORÇAS, AS PAIXÕES, AS FIXAÇÕES, O ENEAGRAMA DA PERSONALIDADE.

Fixação é um "clima" emocional e cognitivo específico para cada tipo resultante de um erro de percepção, um erro na interpretação da ideia divina. Essa fixação em um clima emocional e cognitivo torna o *modus operandi* permanente e compulsivo em cada tipo psicológico acerca de como pensar, sentir e se comportar.

Sandra Maitri, em seu livro *A dimensão espiritual do eneagrama,* diz que as fixações são ideias cristalizadas sobre nós e sobre o mundo, as quais nos levam a imaginar uma realidade que não existe. Criamos nossas realidades com base em ideias e emoções arcaicas e infantis. A formação da personalidade segue um caminho, tem uma estrutura para seu desenvolvimento e fixa-nos em um dos nove tipos. Portanto, um erro cognitivo substitui a ideia divina. A fixação é um padrão de comportamento, um ponto de vista subjetivo que domina os pensamentos e as ações de uma pessoa e define uma abordagem inflexível diante da vida, produzindo contradições internas e estresse.

A teoria de Óscar Ichazo determina o surgimento da fixação na criança entre 6 e 9 anos de idade, quando uma experiência traumática a faz desenvolver pensamentos compulsivos, de modo que ela passa a pensar a realidade em vez de vivê-la. Geralmente, isso determina seu caráter pelo resto da vida. A fixação será a pedra angular para a formação da personalidade, ou seja, ela nos predispõe a desenvolver um tipo de personalidade.

De certa forma, a fixação é uma compulsão, uma imposição interna irresistível que nos leva a realizar determinado ato, a comportar-nos de determinada maneira, a pensar de determinada forma.

Apesar de a ideia divina estar presente, um erro cognitivo e emocional se estabelece na raiz de nossa personalidade, fazendo-nos errar o alvo e acertar a fixação. O alvo seria permanecer na ideia divina, mas ele se torna a fixação, o que significa que o que conduzirá a personalidade não será a ideia divina, mas a fixação e a paixão características de cada número.

A fixação no tipo 1: ressentimento

"Libertar a alma do ressentimento é o primeiro passo para a cura." Nietzsche

Para Nietzsche, o ressentimento é o não esquecimento de algo que alguém nos fez. Para ele, o esquecimento é uma força que promove a vida, sendo, portanto, fundamental e fisiologicamente necessário para o equilíbrio psíquico e físico do indivíduo. O ressentimento é a incapacidade de "esquecer". Podemos entender também o ressentimento como a incapacidade de aceitar o mundo tal como ele é, de aceitar os inúmeros pontos de vista distintos sobre um fenômeno, de aceitar a diferença.

ACORDE! Um Eu dorme em Você

É nesse clima emocional e cognitivo que o tipo 1 vive, com muita dificuldade para esquecer o que acha que não está certo.

O distanciamento da natureza essencial no tipo 1 cria a crença fundamental de que algo está errado com ele e com todos, o que o leva ao "ressentimento".

A fixação no tipo 2: bajulação

"Adulam-te como um deus ou o diabo! Choramingam diante de ti como diante de um deus ou de um diabo. Que importa? São aduladores e chorões, nada mais que isso." Nietzsche

Bajulação é praticar a adulação ou lisonjear com o propósito de conquistar algo em troca, como uma recompensa. Em geral, é caracterizada pelo exagero dos elogios ou dos carinhos.

A fixação no tipo 3: vaidade

"A vaidade é a espuma do orgulho." Alphonse Karr

Vaidade é o cuidado exagerado com a aparência visando atrair admiração ou elogios dos outros. É a necessidade de vangloriar-se, de ostentar, de se exibir e implica um conceito exagerado de suas qualidades e de se achar grandioso.

O tipo 3 pode inventar, blefar, falsificar e ficar no mundo da superficialidade para conseguir seus objetivos. A paixão do 3 é a ilusão. Torna-se um ilusionista conscientemente para obter o que quer, impressionar os outros e alcançar o sucesso desejado. Para o tipo 3, os resultados são importantes, e as historinhas que ele inventa, simplesmente, justificam um fim muito nobre.

O tipo 3 é um ator que nunca sai do palco da ilusão, pois esse é seu instrumento de motivação. O grande problema é que ele esquece que a ilusão é o teatro que ele montou para impressionar e justificar o que deseja de si e dos outros. Ele permanece atuando no palco da vida mesmo quando está com amigos e familiares.

A fixação no tipo 4: melancolia

"Melancolia

Maneira romântica de ficar triste." Mario Quintana

Segundo Freud, a melancolia assemelha-se ao processo do luto, mas sem haver necessariamente uma perda (senão uma perda narcisista). Pessoas com sintomas de melancolia referem-se a si mesmas como inúteis, incapazes de amar ou de fazer algo bom, o que as torna irritantes e com hábitos chatos.

A fixação no tipo 5: avareza

"A avareza tira aos outros o que recusa a si própria." Sêneca

A avareza está ligada ao medo de perder algo. O maior medo é perder-se nos vínculos, daí a tendência do avarento de manter-se afastado dos outros. O que o avarento mais recusa no plano emocional é trocar afeto e amorosidade.

A fixação no tipo 6: covardia

"Covarde é aquele que não abre novos caminhos na vida nem emprega as suas forças para enfrentar os obstáculos." Texto judaico

O covarde é o indivíduo que tem medo de bater, prefere apanhar. Ele possui baixa capacidade de reagir energeticamente mesmo quando provocado. Covardia também é não assumir os verdadeiros desejos, não assumir a aguda e intensa sensibilidade presente em si para com os semelhantes.

A fixação no tipo 7: planejamento

"Um dia a gente aprende a construir todas as nossas estradas no hoje; Porque o terreno do amanhã é incerto demais para os planos, E o futuro tem o costume de cair em meio ao vão." William Shakespeare

Necessidade de pensar muito antes de decidir. Necessidade de olhar multipossibilidades. Planejamento é estar sempre no futuro, perdendo a dimensão do presente. Desse modo, o desejo do tipo 7 nunca se realiza por completo.

A fixação no tipo 8: vingança

"A vingança é uma espécie de justiça selvagem." Francis Bacon

Vingança é o sentimento de fazer justiça. O lema básico é: "Olho por olho, dente por dente". Retribuir aos outros o mal que acha que lhe fizeram.

A fixação no tipo 9: indolência

"Se te ocorrer, de manhã, de acordares com preguiça e indolência, lembra-te deste pensamento: 'Levanto-me para retomar a minha obra de homem'." Marco Aurélio

É um estado geral de apatia, preferindo não se envolver com nada.

AS ASAS

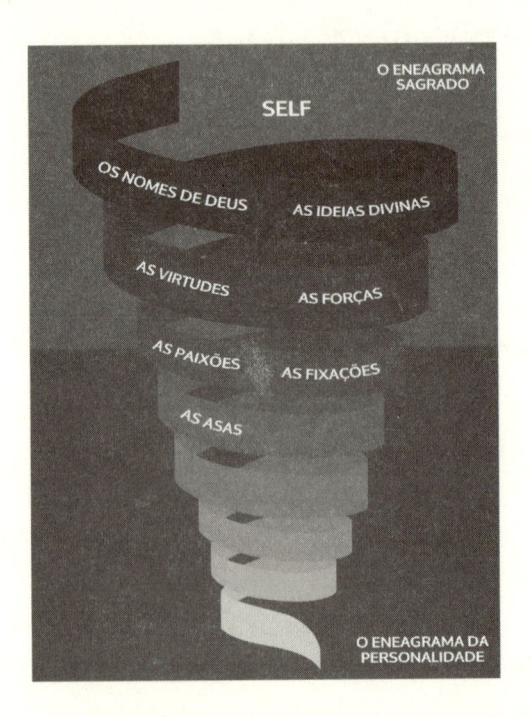

As asas são os dois pontos que ladeiam cada tipo do Eneagrama. Sandra Maitri vê as asas, influenciando o tipo como uma mistura dos dois tipos adjacentes. Don Richard Riso escreveu extensamente sobre as asas. Ele vê a predominância da influência de um tipo adjacente, portanto um tipo lateral contribui e amplia os nove tipos básicos. Vou apresentar as duas possibilidades. O estudo aprofundado das asas pode nos fornecer conhecimentos profundos sobre a psicodinâmica de cada tipo. Tanto o predomínio de um tipo como a mistura dos tipos adjacentes são significativos para entender em profundidade a complexidade dos tipos básicos.

Influência das asas no tipo 1

O tipo 1 está entre o tipo 9 (indolência) e o tipo 2 (bajulação do ego).

Um lado puxa para a pequenez, e o outro, para a grandiosidade.

Algumas possibilidades de comportamento para o tipo 1 quando influenciado pelas asas:

a) A influência da asa 9 atua adormecendo a espiritualidade do 1 e o influencia a viver como o 9, na indolência.

b) A asa 2 desperta o desejo de querer consertar os outros. Projetando isso no mundo, quer consertar a todos. A maldade e a culpa pessoal são projetadas para fora, por isso os outros são maus e precisam ser consertados. Há o impulso do orgulho.

Influência das asas no tipo 2

O tipo 2 está entre a asa 1 e a asa 3.

As asas 1 e 3 podem explicar ou talvez exacerbar os seguintes sentimentos no tipo 2:

a) **Necessidade de ser amado:** o impulso do tipo 1 de ser uma pessoa boa, aliado ao impulso do tipo 3 de impressionar os outros, gera o hábito do tipo 2 de buscar nos outros a aprovação e a confirmação de que é uma pessoa digna de ser amada.

b) **Necessidade de ser bom e amável:** o impulso do

tipo 3 de ser "o próprio Deus", aliado ao impulso do tipo 1 de ser bom, gera o impulso do tipo 2 de moldar-se e apresentar-se segundo a imagem de uma pessoa realmente boa e amável.

Influência das asas no tipo 3

O tipo 3 está entre a asa 2 e a asa 4.

As asas 2 e 4 podem explicar os seguintes sentimentos no 2: de um lado, a bajulação do ego (asa 2) e, do outro, a melancolia do ego (asa 4).

a) **Impulso para viver**: o 3 tem impulso para viver. Não percebendo seu Ser essencial, acaba sentindo que tem de tornar-se uma espécie de semideus que cria e preserva a si mesmo e a sua vida.

b) **Sentimento de ser abandonado**: ao mesmo tempo que se sente um semideus, o 3 sente-se rejeitado e abandonado. O sentimento de abandono e rejeição impede-o de perceber em profundidade o dinamismo de seu ser. Preso entre a dependência do tipo 2 e a sensação de abandono do tipo 4, o tipo 3 desiste de contar com as outras pessoas e vê-se como um ente totalmente autossuficiente e autônomo.

Assim, ele chega à conclusão de que tem de viver a vida superficialmente, na autoimagem. Para viver superficialmente, anestesia os sentimentos. Estando entre os dois tipos mais emotivos do eneagrama, ambos sujeitos à depressão e à desesperança, o tipo 3 reage e mergulha de corpo inteiro na atividade, dando total importância a suas realizações e deixando os sentimentos anestesiados.

Influência das asas no tipo 4

O tipo 4 está entre a asa 3 e a asa 5.

As asas 3 e 5 podem explicar os seguintes sentimentos no 4: de um lado, a vaidade do ego (asa 3) e, do outro, a avareza do ego (asa 5).

a) **Necessidade de ser autêntico:** o resultado de vaidade e avareza é uma profunda impressão de dissociação em relação ao dinamismo da vida e às outras pessoas. Essa dissociação paradoxalmente cria no tipo 4 um impulso de fazer contato com algo autêntico tanto em si mesmo quanto nos outros.

b) **Sentimento de desesperança**: estando entre as sensações de vaidade e avareza, o 4 sente-se em terreno árido de desespero e desesperança. A resposta mais comum é o isolamento.

Influência das asas no tipo 5

O tipo 5 está entre a asa 4 e a asa 6.

As asas 4 e 6 podem explicar os seguintes sentimentos no 5: de um lado, a melancolia do ego (asa 4), que cria necessidade de autenticidade, e, do outro, a covardia do ego (asa 6), que gera insegurança e medo.

a) **Necessidade de conhecimento**: não resta outra possibilidade a não ser procurar conhecer o território que tem diante de si e vincular-se por meio do conhecimento.

b) **Necessidade de isolamento:** o tipo 5 é influenciado pelo sentimento de abandono e exclusão do tipo 4 e pela ansiedade de sobrevivência do tipo 6.

c) **Necessidade de poupar e economizar:** esse misto de abandono e ansiedade resulta na avareza do tipo 5. A sensação é de que algo vai faltar, por isso reage acumulando e retendo tudo quanto possui, por medo de que tudo isso lhe seja tirado.

Influência das asas no tipo 6

O tipo 6 está entre a asa 5 e a asa 7.

As asas 5 e 7 podem explicar os seguintes sentimentos no 6: de um lado, a avareza do ego (asa 5) e, do outro, o planejamento do ego (asa 7).

a) **Necessidade de pensar muito antes de decidir:**

o tipo 6 tem tanto a sensação de afastamento em relação ao mundo e às pessoas (asa 5) como a de um movimento de exacerbada absorção de todas as coisas (asa 7). Sente-se afastado pelo lado 5 e empurrado pelo 7 para as experiências da vida. De um lado, está o tipo 5 que se esconde e, do outro, o 7 que quer aparecer e devorar o mundo. Isso torna o tipo 6 vacilante, hesitante e cheio de dúvidas. Intermediário entre a avareza do ego (asa 5) e o planejamento do ego (asa 7), o tipo 6 vive como uma sanfona, ora se afasta (asa 5), ora entra em um movimento de exacerbada absorção de todas as coisas (asa 7).

b) **Necessidade de resignar-se ou de atacar**: o tipo 5 esconde-se, ao passo que o 7 sente vontade de provar um pouquinho de todas as coisas gostosas da vida. Isso leva o 6 à perda de vontade: não sabe se deve avançar ou retroceder, se deve procurar fazer contato ou resignar-se.

c) **Sentimento de não saber o que está sentindo**: a sensação íntima de vacuidade e esterilidade do tipo 5, somada à necessidade do tipo 7 de sentir alegria, faz com que o tipo 6 não saiba exatamente o que está sentindo.

d) **Necessidade de idealizar as autoridades:** a vacuidade árida do tipo 5 e o otimismo do tipo 7 resultam na idealização de uma figura de autoridade.

Influência das asas no tipo 7

O tipo 7 está entre a asa 6 e a asa 8.

As asas 6 e 8 podem explicar os seguintes sentimentos no 7: de um lado, as dúvidas da covardia do ego (asa 6) e, do outro, a ânsia de viver da vingança do ego (asa 8).

a) **Sentimento de medo de viver:** o que o caracteriza como fóbico.

b) **Desejo de viver intensamente:** o que o torna contrafóbico.

c) **Viver na superficialidade dos acontecimentos.**

A reunião das três características acima resulta no medo de viver e no desejo intenso de vida sentido pelo tipo 7. O medo e o desejo de viver fazem o 7 não mergulhar fundo em nada, deixando-o na superfície. Nem paralisa nem vive a vida intensamente com consciência do que faz.

d) **Necessidade de planejar e visualizar o futuro com precisão:** o tipo 8 é voltado para os sentidos corpóreos e o 6, para a dúvida e a indecisão. O tipo 6 é inseguro e tem baixa autoconfiança, ao passo que o 8 anseia por crescimento e tem espírito dominador. Esses paradoxos levam o 7 a se tornar visionário e bom planejador do futuro.

Influência das asas no tipo 8

O tipo 8 está entre a asa 7 e a asa 9.

As asas 7 e 9 podem explicar os seguintes sentimentos no 8: de um lado, o planejamento do ego (asa 7) e, do outro, a indolência do ego (asa 9).

a) **Necessidade de ser forte:** o tipo 8 nega qualquer possibilidade de indolência (asa 9) ou de fraqueza (asa 7).

b) **Necessidade de estar certo:** a fantasia de utopia (asa 7) que o leva à ação e à inatividade (asa 9) gera no tipo 8 uma visão dogmática e categórica.

c) **Desejo de fazer justiça:** o desejo de fazer justiça vem da asa 7. O tipo 7 tem facilidade em imaginar e visualizar o futuro, isto é, como as coisas poderiam ser, e o 9 possui a atenção exteriorizada, o que faz o 8 moldar o mundo de acordo com seu desejo de fazer justiça quando as coisas não acontecem como ele havia planejado pelo lado 7.

d) **Necessidade exagerada de satisfação e sensações:** a luxúria, como o gosto exagerado pelas satisfações materiais e sensoriais, é o resultado da "fome" do tipo 7 e da inconsciência do tipo 9.

Influência das asas no tipo 9

ACORDE! Um Eu dorme em Você

O tipo 9 está entre a asa 8 e a asa 1.

As asas 8 e 1 podem explicar os seguintes sentimentos no 9: de um lado, a vingança do ego (asa 8) e, do outro, o ressentimento do ego (asa 1).

Vingança e ressentimento são as duas pontas da corda, e o 9 está amarrado no meio.

a) **Necessidade de não fazer nada:** o tipo 8 oculta fortes impulsos instintivos e o 1 tem sua moral de proibições. Assim, o bloqueio dos impulsos e dos movimentos paralisam o tipo 9.

b) **Necessidade de buscar a harmonia**: desejos fortes e proibições geram os maiores conflitos no tipo 9. Assim, o 9 anestesia sua vida e põe sua atenção fora de si. Esse conflito interior é resolvido na busca de harmonia.

Podemos entender as asas como algo que modifica o tipo, influenciando-o com suas características.

Agora vamos apresentar uma visão da influência de cada asa e de seus "resultados", utilizando a nomenclatura definida no livro *A sabedoria do eneagrama*, de Riso e Hudson, formando 18 tipos psicológicos.

O idealista

O tipo 1 com uma asa 9 dominante continua buscando a perfeição, mas torna-se mais relaxado, reage menos compulsivamente e permite-se observar e curtir a perfeição da natureza.

O advogado

O tipo 1 com uma asa 2 dominante busca a perfeição, mas pode também ser mais generoso e ocupar-se de ajudar os outros.

O servidor

O tipo 2 com uma asa 1 dominante está focado no outro, mas pode também ser mais sereno, mais crítico e responsável no trabalho.

O anfitrião

O tipo 2 com uma asa 3 dominante continua focado em ajudar os outros, mas pode também se tornar mais empreendedor e se preocupar com o sucesso pessoal. Volta-se um pouco para si mesmo.

O sedutor

O tipo 3 com uma asa 2 dominante está focado no sucesso pessoal, mas se torna mais empático e pode compartilhar os resultados do sucesso.

O profissional

O tipo 3 com uma asa 4 dominante continua voltado ao sucesso, mas pode também ser mais afetivo e se preocupar em aprofundar-se em trabalhos mais complexos.

O aristocrata

O tipo 4 com uma asa 3 dominante está focado em experiências, sentimentos e significados profundos, mas tende a ser mais pragmático e se dar melhor em trabalhos complexos.

O boêmio

O tipo 4 com uma asa 5 dominante também está focado em experiências, sentimentos e significados profundos, mas se torna mais prudente, menos emocional, mais introspectivo e original.

O iconoclasta

O tipo 5 com uma asa 4 dominante está focado no conhecimento e voltado aos aspectos práticos da vida, protegendo-se emocionalmente, mas permite-se observar o mundo interior e a beleza das artes e ter uma visão singular.

O que soluciona problemas

O tipo 5 com uma asa 6 dominante está focado no conhecimento e protege-se emocionalmente, por isso se torna mais fechado e prudente e é muito assertivo.

ACORDE! Um Eu dorme em Você

O defensor

O tipo 6 com uma asa 5 dominante vive na expectativa do que pode acontecer, mas pode também desenvolver gosto pelo conhecimento, tornando-o menos focado no outro, característica forte no 6 puro.

O camarada

O tipo 6 com uma asa 7 dominante vive na expectativa do que pode acontecer, mas tende a ser mais otimista e alegre e levar em consideração as necessidades dos outros.

O animador

O tipo 7 com uma asa 6 dominante continua otimista, prazeroso e planejando o futuro, mas tende a ser menos impetuoso e imprudente.

O realista

O tipo 7 com uma asa 8 dominante continua otimista, prazeroso e planejando o futuro, mas tende a ser mais firme e focado no que faz.

O independente

O tipo 8 com uma asa 7 dominante continua responsável, trabalhador e focado, escondendo suas vulnerabilidades, mas tende a ser mais objetivo e de visão concreta e realizável.

O urso

O tipo 8 com uma asa 9 dominante continua responsável, trabalhador e focado, escondendo as suas vulnerabilidades, mas tende a ser mais participativo e calmo e menos autoritário.

O árbitro

O tipo 9 com uma asa 8 dominante busca a harmonia e evita conflitos, mas tende a se sentir poderoso e com facilidade para controlar as situações.

Luiz Carlos Garcia & Vera Saldanha

O sonhador

O tipo 9 com uma asa 1 dominante busca a harmonia e evita conflitos, mas pode também ser mais focado e atencioso e fazer as coisas por um ideal.

OS INSTINTOS

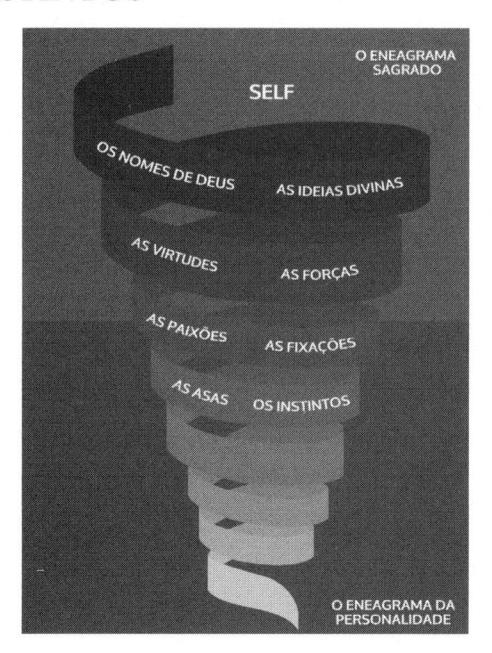

"Não entendo absolutamente o que eu faço: pois não foco aquilo que quero, mas aquilo que mais detesto [...] Querer o bem-estar em mim, mas não sou capaz de fazê-lo [...], por conseguinte, encontro em mim esta lei: quando quero fazer o bem é o mal que se encontra em mim. No íntimo de meu ser amo a lei de Deus. Mas sinto nos membros outra lei que luta contra a lei do espírito e me prende à lei do pecado."

Apóstolo Paulo

ACORDE! Um Eu dorme em Você

Óscar Ichazo enriqueceu a compreensão dos tipos psicológicos trazendo a força do instinto como um elemento que influencia, intensifica ou ameniza as características e os comportamentos de um tipo eneagramático. Ele definiu três instintos básicos que atuam como pulsão, uma força primária e vulcânica. Os instintos, como a palavra indica, são mecanismos de sobrevivência e têm papel positivo no processo de desenvolvimento da espécie humana. Em dose normal, funcionam bem, tornam-se equilibrados, mas, quando um instinto é utilizado em exagero, torna-se obsessivo e, quando subestimado, torna-se reprimido.

Os instintos podem ser compreendidos como subdivisões ou funções do que, no eneagrama, é chamado genericamente de "centro instintivo". Os instintos têm a função de manter a sobrevivência e criam, cada qual, um conjunto básico de comportamentos inconscientes.

São eles os instintos de autopreservação, social e sexual. Um desses instintos torna-se a força principal em cada tipo. Os três instintos não se desenvolvem concomitantemente nem com a mesma força e intensidade. Um instinto desenvolve-se muito, outro é reprimido e um terceiro fica normal, isto é, equilibrado.

- **Instinto de autopreservação:** leva o indivíduo a buscar segurança e comodidade física, preocupando-se com comida, roupa, dinheiro, casa e saúde.

Esse instinto traz uma competência prática, fazendo com que o indivíduo cuide bem das finanças e das necessidades básicas. Desperta nas pessoas o desejo e a preocupação com o próprio bem-estar.

Lado funcional: cuidar bem e detalhadamente dos negócios, tornando-se bom gerenciador da própria vida.

Lado disfuncional: focar na mera sobrevivência, negligenciando outras dimensões da vida e sentindo que a sobrevivência, de algum modo, está sempre ameaçada.

- **Instinto social:** é uma força que leva o indivíduo a querer ser aceito e querido pelos demais, além de haver um forte desejo de pertencer a um grupo. A estratégia é ser aceito pelo grupo e obter uma posição de privilégio. São pessoas que gostam da diversão social.

Lado funcional: ter inteligência social, trabalhar duro e servir desinteressadamente aos grupos com que convivem.

Lado disfuncional: ter tendência de perder-se no grupo, sendo incapaz de ficar sozinho.

- **Instinto sexual:** está ligado ao comportamento e ao desejo de intimidade, em manter relações estreitas um a um. Desperta no indivíduo a necessidade de querer ser desejável e atraente para o outro. Assim, há uma busca constante por um parceiro, sua cara-metade, e, quando já o encontrou, deseja estar com ele. Busca solução para seus problemas em "algo" externo que os alimente.

Lado funcional: manter relações de intimidade e relações estreitas, desfrutando amizades profundas e enriquecedoras.

Lado disfuncional: ter tendência de tornar-se dependente, ciumento e possessivo em relação aos outros e frustrar-se com a criação de elevadas expectativas.

Teste: Descobrindo o instinto dominante

Este exercício pode ajudá-lo a identificar o instinto dominante de seu tipo eneagramático. Descobrir ou confirmar o instinto dominante em você pode ser uma experiência emocionante que o ajudará a responder à pergunta: "Quem sou eu?". Anote no quadrante à esquerda de cada declaração uma das possibilidades a seguir:

3 Totalmente verdadeiro. Sinto-me assim.

2 Geralmente verdadeiro. Com frequência, sinto-me dessa forma.

1 Às vezes. Às vezes, sinto-me assim.

0 Nunca. Nunca me sinto assim.

ACORDE! Um Eu dorme em Você

Responda com espontaneidade e honestidade. Não existem respostas melhores ou piores.

Pense em como você se sente hoje, no presente, e avalie-se de modo verdadeiro.

Pergunte a seus amigos ou familiares quão verdadeiras são as declarações a seu respeito.

PARTE 1

	1	Preocupo-me muito com minha segurança financeira.
	2	Para mim, é fundamental pertencer a um grupo e ser querido por todos.
	3	Faço grande esforço para manter relações profundas e estreitas com as pessoas com que convivo.
	4	Creio que a sobrevivência de algum modo está sempre ameaçada.
	5	Sou muito ativo em trabalhos de grupo.
	6	Busco me relacionar em profundidade e verdadeiramente com amigos e companheiro.
	7	Estou sempre preocupado com o bem-estar de minha família.
	8	Sou muito generoso e sirvo desinteressadamente às pessoas e aos grupos a que pertenço.
	9	Estou rodeado de amigos de verdade.
	10	A vida é muito difícil!
	11	Comunidade, companheirismo e filantropia são muito importantes para mim.
	12	Sou ciumento e possessivo com companheiros e amigos.
	13	Minhas maiores preocupações estão ligadas à comida, roupa, dinheiro, casa e saúde.

	14	Tenho grande cuidado em ser respeitado e admirado pelos grupos e na comunidade em que vivo.
	15	Tenho a preocupação de causar boa impressão.

PARTE 2

Transfira a pontuação que você atribuiu a cada declaração (3, 2, 1, 0), observando a correspondência entre o quadrado da declaração e o da resposta.

Some o total de pontos para cada linha (horizontal).

RESPOSTAS						PONTOS	INSTINTOS
1		4	7	10	13		Autopreservação
2		5	8	11	14		Social
3		6	9	12	15		Sexual

Observando a linha que somou a maior pontuação (autopreservação, social ou sexual), você terá as seguintes indicações:

a) Primeira maior pontuação: possivelmente é o instinto dominante em você.

b) Segunda maior pontuação: é possível que seja o instinto que você eventualmente utiliza.

c) Terceira pontuação: pode ser o instinto que você subutiliza.

Reflexões

- Como se sente agora que conhece o instinto que predomina em você?

- Até que ponto esse instinto dominante reflete suas crenças pessoais, seus comportamentos e seus sentimentos?

ACORDE! Um Eu dorme em Você

NEUROSE

O resultado do processo de formação da personalidade é, em maior ou menor grau, a instalação de uma neurose que dificulta dar respostas assertivas aos fatos e aos acontecimentos da vida.

Teoria da neurose – Karen Horney, médica e psicanalista (1885-1952)

Horney definiu neurose tanto em termos intrapsíquicos como interpessoais.

Notou que seus pacientes não reclamavam dos sintomas da neurose, isto é, das fobias e das compulsões, mas da infelicidade, da inadequação ao trabalho e dos relacionamentos.

Ela denominou neuroses de caráter os complexos sistemas de padrões defensivos que iniciam na infância, autoalimentam-se e perpetuam-se com o objetivo de fazer oposição à ansiedade básica que os neuróticos sentem.

Reconheceu na infância três direções, três estratégias que as crianças desenvolvem para aliviar a ansiedade e tornar a vida mais previsível e segura:

1. Elas buscam afeto e aprovação.
2. Elas se tornam hostis ou se retraem.
3. Elas usam a estratégia de enfrentamento que melhor satisfaz suas necessidades.

Quando a criança usa apenas uma dessas três estratégias, seu repertório comportamental de enfrentamento da realidade e de si mesma torna-se limitado e empobrecido. O sentido de segurança torna-se frágil porque há perigo vindo de seu mundo interno, de seus sentimentos e seus impulsos reprimidos ou suprimidos. Horney designou essas atitudes complexas, relativamente fixas em direção ao eu e aos outros, tendências neuróticas.

Os três estilos de personalidade de Karen Horney e os tipos do eneagrama

No eneagrama, temos um importante trabalho feito por agrupamento a partir de e em homenagem a Karen Horney, os grupos horvenianos. Eles descrevem as formas como as pessoas tentam resolver seus conflitos interiores e são embasados no modo predominante de se relacionarem com os outros. Horney tem uma visão positiva do ser humano e acredita que, apesar dos bloqueios do desenvolvimento psicológico "que se dá na infância, é possível removê-los e reorganizar o crescimento saudável em qualquer idade da vida".

Ela afirma:

a) o desenvolvimento da personalidade e o resultado da interação de forças biológicas e psicossociais são únicos para cada pessoa.

b) o *self* real em cada pessoa combina escolha, vontade, identidade, responsabilidade, espontaneidade e vivacidade.

c) o *self* real tem um processo natural para a autorrealização e conduz o desenvolvimento e o crescimento humano em três direções.

ACORDE! Um Eu dorme em Você

1. **Em direção aos outros.** São os tipos 1, 2 e 6 do eneagrama, ou tipos aquiescentes, isto é, que concordam, consentem ou aprovam.

A estratégia básica para obter o que querem é ser bonzinhos.

- Esses tipos expressam seu amor e sua confiança nos outros.

- Obedecem às regras e estão sempre à disposição dos outros, não necessariamente obedecem aos outros, pois são regidos pelo superego, podendo se tornar figuras de autoridade.

- Concordam com os outros como uma maneira defensiva de ligar-se a eles. São pessoas que, pela bajulação, tentam obter favores dos outros. Dificilmente discordam por medo de perder os favores.

2. **Contra os outros.** São os tipos 3, 7 e 8 do eneagrama, ou tipos assertivos, isto é, que "vão contra os outros".

A estratégia básica para obter o que querem é a insistência e a exigência.

- São pessoas que, diante de obstáculos, usam a estratégia de expandir o ego. Vão à luta e realizam o que tem de ser feito.

- Colocam-se como centro do mundo, tudo gira a seu redor. O pensamento básico é da seguinte ordem: "Estou aqui, sou o centro, somente eu faço a diferença". São os egos pai da análise transacional.

- Tipos expansivos, agressivos, que têm como estratégia manipular os outros. Usam poder e domínio como meio de obter o que desejam.

3. **Para longe dos outros.** São os tipos 4, 5 e 9 do eneagrama, ou tipo retraídos.

A estratégia básica para obter o que querem é fugir e não lidar com suas necessidades.

- Caminham em direção à autossuficiência. Continuam mais introspectivos, mas controlam seu isolamento. O pensamento recorrente é da seguinte ordem: "Como posso ser responsável? Como posso atender às expectativas?".
- São pessoas individualistas.
- Tipos desapegados e resignados, afastam-se de outros para evitar conflitos.

A tríade Horveniana

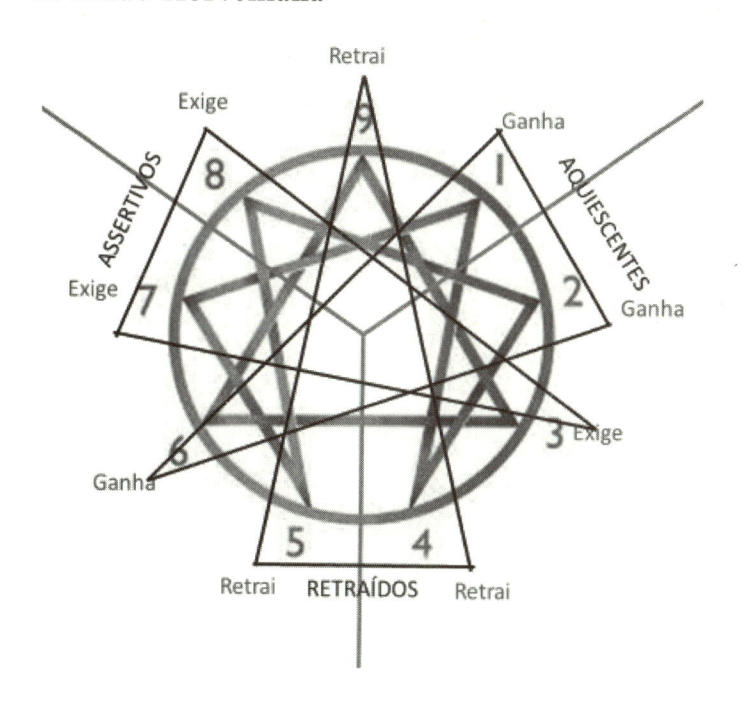

[Diagrama do eneagrama mostrando:
- 9: Retrai (topo)
- 8: Exige
- 7: Exige
- 6: Ganha
- 5: Retrai
- 4: Retrai
- 3: Exige
- 2: Ganha
- 1: Ganha
- ASSERTIVOS (lado esquerdo)
- AQUIESCENTES (lado direito)
- RETRAÍDOS (parte inferior)]

A NORMOSE

"O mundo "normal" nos atrai. Enquanto atrai, nos distrai. E porque nos distrai, nos trai. Se nos deixamos trair, ele nos destrói". Dr. Hermógenes

ACORDE! Um Eu dorme em Você

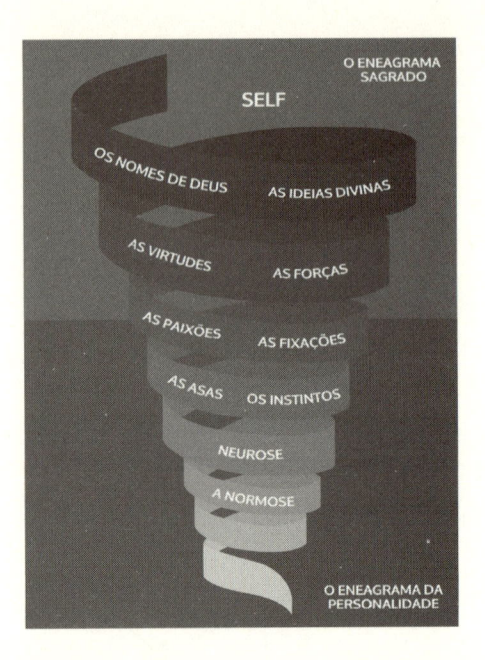

Diagrama em espiral com os seguintes rótulos, de cima para baixo:
- O ENEAGRAMA SAGRADO
- SELF
- OS NOMES DE DEUS
- AS IDEIAS DIVINAS
- AS VIRTUDES
- AS FORÇAS
- AS PAIXÕES
- AS FIXAÇÕES
- AS ASAS
- OS INSTINTOS
- NEUROSE
- A NORMOSE
- O ENEAGRAMA DA PERSONALIDADE

Uma vez formada a personalidade, desembocamos em neuroses de caráter ou em normose. Essas duas possibilidades sepultam o sagrado em nós. É a pá de cal que abafa a ideia divina que trazemos em nosso "manual de nascimento".

Ser normótico é estar separado do divino do outro e da natureza e conformar-se com o *status quo*. O conformismo é sempre considerado necessário à sobrevivência do grupo e à sua harmonia interna, mas esse conformismo pode se tornar opressivo e provocar doenças, as quais Jean-Yves Leloup denominou "doenças da normose". Faz-se isso também com os animais – quantos pássaros têm as asas cortadas para "não voar" e, assim, sentirem-se mais "felizes" e "confortáveis" em suas gaiolas protegidas e magníficas. Pensemos no que acontece nos semáforos de nossa cidade quando somos abordados por crianças pedindo esmola. Normalmente temos dois comportamentos: fechamos o vidro e fingimos não ter nada a ver com o pedinte, ou damos a esmola. Assim que o sinal abre, aceleramos nosso carro e rapidamente estamos fora daquele contexto. Alguns segundos depois, já esquecemos o ocorrido. Mentimos para nós mesmos quando pensamos que não temos nada a ver com isso, ou não temos como resolver! Esse nosso comportamento tão comum já faz parte da normose. Na normose, a pessoa perde a capacidade de questionar seu mundo e sua existência, conformando-se com o mundo aparente e nele fazendo sua morada.

Pierre Weil afirma que a normose inicia com a fantasia da separatividade e que, enquanto não nos religarmos a nós mesmos, continuaremos a ser normóticos.

Não nascemos normóticos, mas iniciamos na normose à medida que uma ideia divina correspondente a um tipo divino é distorcido, virado do avesso, formando a base de cada tipo. Portanto, a centelha divina transforma-se em um tipo psicológico.

Um movimento orquestrado atualmente por Weil, Crema e Leloup e evidenciado em várias gerações de psicólogos e psiquiatras considera o tema normose primordial no despertar pessoal e coletivo. O conceito atual de normose foi cunhado no mesmo período de tempo por Roberto Crema, Jean-Yves Leloup e Pierre Weil. Do encontro dos três, nasceu uma parceria que rendeu muitas sementes para o Brasil e para o mundo, entre elas, o livro *Normose: a patologia da normalidade*.

Leloup afirma que existe em nós o medo de se deixar ser em sua totalidade e preferimos ser normais. A esse medo, ele chamou "complexo de Jonas".

Crema ratifica o pensamento de Leloup, dizendo que temos talentos diversos, mas "o normótico padece de falta de empenho em fazer florescer seus dons e enterra seus talentos com medo da própria grandeza, fugindo da sua missão individual e intransferível". "Quando temos necessidade de, a todo custo, ser como os outros, não escutamos nossa própria vocação", complementa.

Em seus cursos, Crema menciona o escritor britânico G. K. Chesterton (1874-1936), que disse que "louco é quem perdeu tudo, exceto a razão".

ACORDE! Um Eu dorme em Você

Autores importantes na psicologia abordam o tema, por exemplo, Moreno que enfatiza que a sociedade está doente e propõe a sociometria como possibilidade de desenvolvimento e aprimoramento; Reich, que, preso nos Estados Unidos em um momento de "enojamento" com o homem normal, escreve seu livro: *Escuta, Zé-ninguém*; Viktor Frankl, que, saindo do campo de concentração, expressa sua preocupação dizendo que agora sabia o que são as "pessoas normais".

Esse conceito é ainda ratificado pelo alemão Erich Fromm (1900-1980), que fala do medo da liberdade, e pelo suíço Carl Jung (1875-1961), que afirma que só os medíocres aspiram à normalidade.

Maslow descreve essa patologia na década de 50.

Weil diz que na maioria das pessoas contemporâneas há uma crença bastante enraizada de que tudo o que a maioria das pessoas pensa, sente, acredita ou faz deve ser considerado normal e, por conseguinte, servir de guia para o comportamento de todo mundo e mesmo de roteiro para a educação.

Normose é um conjunto de normas, conceitos, valores, estereótipos, hábitos de pensar ou de agir aprovados por um consenso ou pela maioria de uma determinada população e que leva a sofrimentos, doenças ou mortes, sem que seus atores tenham consciência dessa natureza patológica, isto é, são de natureza inconsciente.

Foi normal um dia lutar até a morte para entreter o povo de Roma?

Foi também normal queimar mulheres na fogueira?

Foi normal pessoas trabalharem o tempo todo, dia e noite, sem remuneração com direito a castigos somente por causa da cor da pele?

Foi normal a perseguição de cristãos?

Foi normal e legítima a Santa Inquisição?

Foi normal a sustentação moral da escravidão?

É normal devastar florestas para que a empresa aumente

sua participação na bolsa de valores?

É normal e comum no Brasil o estúpido chegar ao poder?

É normal receber 10% de gratificação por serviços prestados nas intermediações em empresas públicas?

É normal no semáforo dar uns trocadinhos para o pobre menino que nos pede esmola?

É normal criança trabalhando e não indo à escola?

Afinal, será que achar normais coisas que não deveriam ser evidencia uma doença?

Segundo os autores e os textos citados, sim! A normose nos leva à infelicidade, à doença e à perda de sentido na vida.

Vejamos algumas ideias de Weil acerca do que é normose.

"[...] O próprio sentimento de propriedade é também produto de uma normose geral. Podemos, em última instância, considerar-nos como proprietários de objetos que são constituídos de materiais provindos da Terra? Somos proprietários da Terra?"

"Uma das causas essenciais da destruição ecológica é a normose de posse da Terra. Até muito recentemente a humanidade inteira se conduzia como se fosse proprietária da Terra, achando que podia explorá-la indefinidamente. Aliás, a crença de que os recursos naturais são inesgotáveis também é uma normose geral em plena regressão."

Em seguida, apresentamos alguns trechos do livro *Escuta, Zé-ninguém* sobre o normótico:

"[...] Você alguma vez parou para pensar, Zé-ninguém, como é ser uma águia com um ninho cheio de ovos de galinha? A águia espera que deles nasçam filhotes de águia, que ela criará para que sejam grandes águias. Um a um, porém, os ovos se abrem e só saem pintinhos. Em seu desespero, a águia se agarra à esperança de que os pintinhos se tornem águias. Mas todos se tornam galinhas cacarejantes.

[...] Não sabem que estão morando num penhasco íngreme e altíssimo, muito acima dos vales úmidos e escuros. Não en-

ACORDE! Um Eu dorme em Você

xergam longe, como a águia solitária.

[...] Porque você tem medo da vida, Zé-ninguém, você morre de medo. Faz o possível para matá-la, na crença de estar construindo o 'socialismo', o 'estado' a 'nação' ou a 'glória de Deus'.

[...] Você não vai saber, você não vai querer saber que o que está realmente construindo, dia após dia e hora após hora, é sua própria desgraça; que você não entende seus filhos, que você destrói a espinha dorsal deles antes que eles consigam se firmar em pé; que você rouba amor; que você é louco por dinheiro e ávido pelo poder; que você cria um cachorro porque está determinado a ser o 'senhor' de alguém.

[...] Você acha que os fins justificam os meios, por mais abjetos que sejam. Eu lhe digo: o fim é o meio pelo qual você o atinge. O passo de hoje é a vida de amanhã. Fins grandiosos não podem ser alcançados por meios torpes. Isso você provou em todos os seus levantes sociais.

[...] A mesquinhez e a desumanidade dos meios fazem com que você seja mesquinho e desumano, e tornam os fins inatingíveis.

[...] Tu devoras a tua felicidade. Nunca foste capaz de a gozar com plenitude. É por isso que a devoras avidamente, sem sequer assumires a responsabilidade de a assegurares. Nunca te foi permitido aprenderes a cuidar das tuas alegrias, a alimentar a felicidade, como o jardineiro o faz com as suas flores, como o homem da terra com as suas colheitas. Os grandes cientistas, poetas e homens de sabedoria sempre fugiram da tua companhia, pois desejaram preservar a alegria que lhes fosse possível."

Há, ainda, um texto de José Hermógenes sobre a normose que vale a pena ser inserido aqui.

"E os alimentos? A propaganda infantil é a mais cruel de todas, porque já incentiva ao consumo de alimentos que danificam seus corpos, cérebros e mentes.

Os teóricos argumentam que isso é a realidade e é assim que deve ser mostrada. O que é assim não é a realidade, mas apenas um setor da sociedade, aquele que alguns irresponsavelmente acham de vitrinizar. Alguma parte da sociedade é de gente boa, equilibrada, sadia, espiritualmente nobre e bonita ('anormais'), mas alguns obsessivamente fazem questão de ignorar.

A maioria imensa da humanidade é formada pelos 'normóticos', que desfrutam o tempo e o espaço cultural, e aí está a doença.

É inadiável curar a 'normose' da humanidade. E isso deve começar pela 'desnormalização' de cada pessoa, o que requer, indispensavelmente, empenho e esforço pessoal depois de feita a opção por uma disciplina inteligente, por uma vigilância contínua e por jubiloso autossacrifício do ego no altar do divino.

O eneagrama nos traz um mapa lúcido, capaz de nos tirar da cegueira da normose, de nos fazer acordar!

Vivendo na superfície de si mesmo, o 'normótico' age sob motivações que, em alguns casos, são bem tipicamente animais: comer (qualquer coisa goela abaixo), beber, defender-se, gozar e transar. Não cultiva (portanto, não colhe) valores tipicamente humanos: verdade (ou veracidade); retidão; paz; amor (universal e puro); e não violência. Sai Baba disse que a constatação: 'eu sou um ser humano' é apenas a metade da verdade. A outra metade é poder dizer: 'eu sou anormal'.

O 'normótico' é um consumista obsessivo. Compra o que 'precisa', o inútil. O que ele não pode é resistir às manobras da publicidade e do marketing. Ele sofre da síndrome de 'aquisititite'. Para seguir comprando, gasta e se desgasta ansiosamente, obsessivamente.

Porque nem imagina quanto o amor e a felicidade nos completam, o 'normótico' confunde os simples desvarios sexuais (mero atrito, zero afeto e amor) com ser feliz. E o sentimento de posse do outro e o ciúme, que são apego-dependência, ele confunde com amor."

Outra explicação foi proposta pelo psicólogo israelense Daniel Kahneman (1934-), ganhador do Prêmio Nobel de Economia de 2002, em seu livro *Rápido e devagar: duas formas de pensar*. Para ele, nosso cérebro confunde o que é familiar com o que é correto: ao ver ou sentir algo que desperta alguma memória, o cérebro define aquele "familiar" como "correto", da mesma maneira que o novo é decodificado como passível de desconfiança.

Desnormotização

"Que tal olhar para dentro de si mesmo e conhecer nossa normose? Essa é a proposta do eneagrama. Os nove tipos psicológicos do eneagrama em sua natureza são normóticos. Reconhecendo que o tipo é normótico, podemos iniciar uma 'revolução silenciosa' que nos religa primeiro conosco mesmos e naturalmente com Deus."

COMPLEXO DE JONAS E A FANTASIA DA SEPARATIVIDADE NA FORMAÇÃO DO EGO

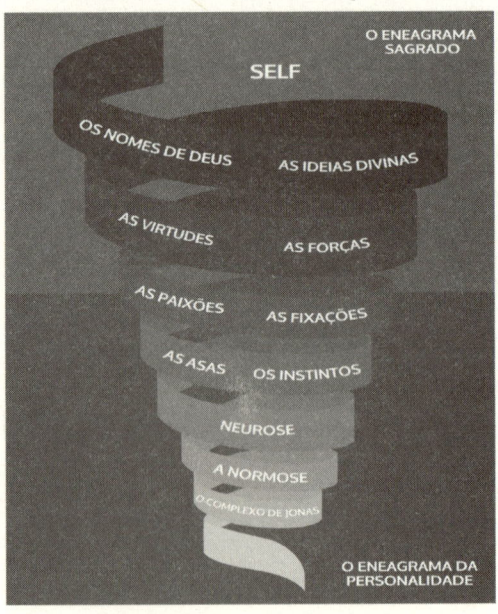

"As pessoas podem ficar doentes porque alguns de seus desejos, mais profundos e antigos, foram realizados." Freud

Luiz Carlos Garcia & Vera Saldanha

O complexo de Jonas refere-se a uma história bíblica que fala de um profeta que vivia em uma cabana. Um dia, Deus o chama para ir a Nínive falar de Suas obras, mas ele se nega.

Maslow contava que era muito simples demonstrar o complexo de Jonas a seus alunos. Bastava lhes perguntar: "Quem, entre vocês, aspira a ser um santo? Quem entre vocês será um condutor de homens?". Contava que, geralmente, todos se punham a rir, a se ruborizar, a gaguejar, até ele colocar a seguinte questão: "Se não forem vocês, quem será?".

O complexo de Jonas é um mecanismo de defesa do ego que impede que nos tornemos quem realmente somos. Vencer o complexo de Jonas é ouvir por trás do medo o chamado de nossa essência, é um mecanismo que impede a realização de nosso desejo mais profundo. Ao mesmo tempo, o complexo de Jonas pode revelar, à medida que olharmos para nossa personalidade, o caminho para nossa vocação espiritual, o caminho para voltar a nossa essência.

Vamos à história bíblica.

O Senhor ordena a Jonas:

"Vá depressa à grande cidade de Nínive e pregue contra ela, porque a sua maldade subiu até a minha presença".

Mas Jonas fugiu da presença do Senhor, dirigindo-se para Társis.

Depois de pagar a passagem, embarcou para Társis, a fim de fugir do Senhor.

O Senhor, porém, fez soprar um forte vento sobre o mar, e caiu uma tempestade tão violenta que o barco ameaçava arrebentar-se.

Todos os marinheiros ficaram com medo, e cada um clamava ao seu próprio deus. Enquanto isso, Jonas, que tinha descido para o porão e se deitado, dormia profundamente.

O capitão dirigiu-se a ele e disse: "Como você pode ficar aí dormindo?".

ACORDE! Um Eu dorme em Você

Então os marinheiros combinaram entre si: "Vamos tirar sortes para descobrir quem é o responsável por esta desgraça que se abateu sobre nós". Tiraram sortes, e a sorte caiu sobre Jonas.

Por isso lhe perguntaram: "Diga-nos, quem é o responsável por esta calamidade? Qual é a sua profissão? De onde você vem? Qual é a sua terra? A que povo você pertence?".

Ele respondeu: "Eu sou hebreu, adorador do Senhor, o Deus dos céus, que fez o mar e a terra".

Com a resposta eles ficaram apavorados e perguntaram: "O que foi que você fez?", pois sabiam que Jonas estava fugindo do Senhor, porque ele já lhes tinha dito.

Visto que o mar estava cada vez mais agitado, perguntaram-lhe: "O que devemos fazer com você para que o mar se acalme?".

Ele respondeu: "Peguem-me e joguem-me ao mar, e ele se acalmará. Pois eu sei que é por minha causa que esta violenta tempestade caiu sobre vocês".

Assim, pegaram Jonas e o lançaram ao mar enfurecido, e este se aquietou.

Então o Senhor fez um grande peixe engolir Jonas, e ele ficou dentro do peixe três dias e três noites.

E o Senhor deu ordens ao peixe, e ele vomitou Jonas em terra firme.

A palavra do Senhor veio a Jonas pela segunda vez com esta ordem: "Vá à grande cidade de Nínive e pregue contra ela a mensagem que eu vou dar a você".

E Jonas obedeceu à palavra do Senhor e foi para Nínive. Os ninivitas creram em Deus. Então Deus se arrependeu e não os destruiu como tinha ameaçado.

Mas Jonas ficou profundamente descontente com isso e enfureceu-se. Ele orou ao Senhor: "Eu sabia que tu és Deus misericordioso e compassivo, muito paciente, cheio de amor e que promete castigar, mas depois se arrepende. Agora, Senhor, tira a minha vida, eu imploro, porque para mim é melhor morrer do que viver".

O Senhor lhe respondeu: "Você tem alguma razão para essa fúria?".

Jonas saiu e sentou-se num lugar a leste da cidade. Ali, construiu para si um abrigo, sentou-se à sua sombra e esperou para ver o que aconteceria com a cidade.

Então o Senhor Deus fez crescer uma planta sobre Jonas, para dar sombra à sua cabeça e livrá-lo do calor, e Jonas ficou muito alegre.

Mas, na madrugada do dia seguinte, Deus mandou uma lagarta atacar a planta, de modo que ela secou. Ao nascer do sol, Deus trouxe um vento oriental muito quente, e o sol bateu na cabeça de Jonas, a ponto de ele quase desmaiar. Com isso ele desejou morrer e disse: "Para mim seria melhor morrer do que viver".

Mas Deus disse a Jonas: "Você tem alguma razão para estar tão furioso por causa da planta?".

Respondeu ele: "Sim, tenho! E estou furioso a ponto de querer morrer".

Mas o Senhor lhe disse: "Você tem pena dessa planta, embora não a tenha podado nem a tenha feito crescer. Ela nasceu numa noite e numa noite morreu.

Contudo, Nínive tem mais de cento e vinte mil pessoas que não sabem nem distinguir a mão direita da esquerda, além de muitos rebanhos. Não deveria eu ter pena dessa grande cidade?".

No capítulo do Ser integral, conheceremos mais adiante, o complexo de Jonas em cada tipo.

O eneagrama em Machado de Assis

Machado de Assis, a quem podemos definir como tipo 4 pela sua aguda sensibilidade em mergulhar na alma humana, descreveu as virtudes e as paixões em seu livro *A igreja do diabo*.

Sintetizo aqui os diálogos entre Deus e o Diabo, o jogo de forças entre o bem e o mal, entre a sombra e a luz. Entendo que esse diálogo traduz a essência do eneagrama: o ser humano está

ACORDE! Um Eu dorme em Você

condenado a viver a dualidade bem e mal no desafio de superá-los.

A personalidade humana é fruto e resultado dessas duas forças. Na primeira etapa de nossa vida, aparentemente o mal domina. Na segunda, nosso grande desafio é nos refazer das mazelas, dos sofrimentos e das percepções disfuncionais que consolidamos. Talvez bem e mal sejam apenas uma interpretação, um ponto de vista subjetivo, uma necessidade humana de ter um herói. Dar um lugar a Deus, mas permitir que o demônio tenha um lugar em nossa existência, é um privilégio para poucos seres humanos. Não resistimos ao belo, ao sagrado, à alegria. Precisamos nos culpar pelo demônio quando ele é também um aspecto do divino. Deus dá ao Diabo um lugar sublime em sua criação, é ele que testará quanto estamos firmes em nosso processo de individuação e de ligação com o divino.

Na primeira fase de nossa vida, as questões da biografia, da família e do relacionamento social, sexual e profissional dominam o palco de nossa existência. Na segunda – de acordo com Jung, após os 40 anos –, as questões essenciais estão relacionadas à espiritualidade.

Conta um velho manuscrito beneditino que o Diabo, em certo dia, teve a ideia de fundar uma igreja. Embora seus lucros fossem contínuos e grandes, sentia-se humilhado com o papel avulso que exerce desde séculos. [...] vivia [...] dos remanescentes divinos, dos descuidos e obséquios humanos.

Nada fixo, nada regular. Por que não teria ele a sua igreja?

[...] Em seguida, lembrou-se de ir ter com Deus para comunicar-lhe a ideia. [...]

Deus recolhia um ancião, quando o Diabo chegou ao céu. Os serafins que engrinaldavam o recém-chegado detiveram-se logo, e o Diabo deixou-se estar à entrada com os olhos no Senhor.

— Que me queres tu? — perguntou este. — Explica-te.

— Senhor, a explicação é fácil; mas permiti que vos diga: recolhei primeiro esse bom velho; dai-lhe o melhor lugar, mandai que as mais afinadas cítaras e alaúdes o recebam com os mais divinos coros...

— Sabes o que ele fez? — perguntou o Senhor, com os olhos cheios de doçura.

— Não, mas provavelmente é dos últimos que virão ter convosco. Não tarda muito que o céu fique semelhante a uma casa vazia, por causa do preço, que é alto. Vou edificar uma hospedaria barata; em duas palavras, vou fundar uma igreja. [...] (Podemos entender a igreja do diabo como a estruturação da personalidade humana, terá sempre como alicerce as paixões do eneagrama.[1])

— Boa ideia, não vos parece?

— Vieste dizê-la, não a legitimar — advertiu o Senhor.

— Tendes razão — acudiu o Diabo — mas o amor-próprio gosta de ouvir o aplauso dos mestres. [...]

— Vai.

— Quereis que venha anunciar-vos o remate da obra?

— Não é preciso; basta que me digas desde já por que motivo [...] só agora pensaste em fundar uma igreja. [...]

— Só agora concluí uma observação, começada desde alguns séculos, e é que as virtudes, filhas do céu, são em grande número comparáveis a rainhas, cujo manto de veludo rematasse em franjas de algodão. Ora, eu proponho-me a puxá-las por essa franja, e trazê-las todas para minha igreja; atrás delas virão as de seda pura... (Franja de algodão e o acabamento da roupa de seda pura, significando aqui o lado menos nobre do ser humano, as paixões. As virtudes (seda pura) são irmãs gêmeas das paixões, bem e mal, são indissociáveis na condição humana.)

[...] Deus interrompeu o Diabo.

— Tu és vulgar, que é o pior que pode acontecer a um espírito da tua espécie, replicou-lhe o Senhor. [...] Esse mesmo ancião parece enjoado; e sabes tu o que ele fez?

---

[1] Todos os grifos são nossos. Cada trecho sublinhado corresponde a comentários do autor acerca do texto.

ACORDE! Um Eu dorme em Você

— Já vos disse que não.

— Depois de uma vida honesta, teve uma morte sublime. Colhido em um naufrágio, ia salvar-se numa tábua; mas viu um casal de noivos, na flor da vida, que se debatiam já com a morte; deu-lhes a tábua de salvação e mergulhou na eternidade. Nenhum público: a água e o céu por cima.

Onde achas aí a franja de algodão? (O texto se refere às paixões, o lado interesseiro do ser humano. [N.A.].)

— Senhor, eu sou, como sabeis, o espírito que nega.

— Negas esta morte?

— Nego tudo. A misantropia (característica do tipo 5) pode tomar aspecto de caridade; deixar a vida aos outros, para um misantropo, é realmente aborrecê-los...

— Retórico e sutil! — exclamou o Senhor. — Vai, vai, funda a tua igreja; chama todas as virtudes, recolhe todas as franjas, convoca todos os homens... Mas, vai! vai! [...] (Segundo o eneagrama sagrado, a formação da personalidade implica esconder as virtudes e fazer com que as paixões tornem-se as forças dominantes dos comportamentos, dos sentimentos e dos pensamentos humanos.)

O Diabo sentiu, de repente, que se achava no ar; dobrou as asas, e, como um raio, caiu na terra. (Aqui temos uma alegoria ao mito de Adão e Eva expulsos do Paraíso: a queda humana!)

Uma vez na terra, o Diabo não perdeu um minuto. Deu-se pressa em enfiar a cogula beneditina, como hábito de boa fama, e entrou a espalhar uma doutrina nova e extraordinária, com uma voz que reboava nas entranhas do século.

Ele prometia aos seus discípulos e fiéis as delícias da terra, todas as glórias, os deleites mais íntimos [...]. Clamava ele que as virtudes aceitas deviam ser substituídas por outras, que eram as naturais e legítimas (as paixões).

A soberba, a luxúria, a preguiça foram reabilitadas. [...]

A avareza, que declarou não ser mais do que a mãe da economia, com a diferença que a mãe era robusta, e a filha uma esgalgada. (A avareza, uma virtude magricela.)

A ira tinha a melhor defesa na existência de Homero; sem o furor de Aquiles, não haveria a Ilíada: "Musa, canta a cólera de Aquiles, filho de Peleu [...]" (A ira criando grandes obras...)

O mesmo disse da gula, [...] virtude tão superior que ninguém se lembra das batalhas de Luculo, mas das suas ceias; foi a gula que realmente o fez imortal. [...]

Quanto à inveja, pregou friamente que era a virtude principal, origem de propriedades infinitas; virtude preciosa, que chegava a suprir todas as outras, e ao próprio talento. As turbas corriam atrás dele entusiasmadas.

Nada mais curioso, por exemplo, do que a definição que ele dava da fraude. (Paixão do tipo 3 – ilusão.) Chamava-lhe o braço esquerdo do homem; o braço direito era a força; e concluía: muitos homens são canhotos, eis tudo. Ora, ele não exigia que todos fossem canhotos; não era exclusivista. Que uns fossem canhotos, outros destros; aceitava a todos, menos os que não fossem nada.

A demonstração, porém, mais rigorosa e profunda, foi a da venalidade. (Ainda outro adjetivo para o tipo 3.)

Venalidade é uma característica do comportamento humano associado à suscetibilidade de ser subornável ou de vender seus serviços ou poder.

A venalidade, na sua forma mais suave, é um vício notável especialmente entre aqueles com carreiras administrativas, governativas ou militares.

Em contraste, ninguém ficaria surpreso de encontrar um comerciante ou uma pessoa contratada para a tomada de decisões profissionais por razões venais. (Na verdade, Adam Smith e outros economistas de uma linha mais libertária poderiam argumentar que a venalidade é uma virtude, porque ajuda a criar a "mão invisível" que controla as forças de mercado.)

ACORDE! Um Eu dorme em Você

A venalidade, disse o Diabo, era o exercício de um direito superior a todos os direitos. Se tu podes vender a tua casa, o teu boi, o teu sapato, o teu chapéu, coisas que são tuas por uma razão jurídica e legal, mas que, em todo caso, estão fora de ti, como é que não podes vender a tua opinião, o teu voto, a tua palavra, a tua fé, coisas que são mais do que tuas, porque são a tua própria consciência, isto é, tu mesmo? Negá-lo é cair no absurdo e no contraditório. Pois não há mulheres que vendem os cabelos? Não pode um homem vender uma parte do seu sangue para transfundi-lo a outro homem anêmico? E o sangue e os cabelos, partes físicas, terão um privilégio que se nega ao caráter, à porção moral do homem?

(O Diabo gasta um tempo enorme em descrever a venalidade, o que talvez possamos entender como a paixão de maior impacto no contexto social. No mundo atual a venalidade venceu!)

A previsão do Diabo verificou-se.

(No eneagrama, a previsão do Diabo vence, as paixões dominam o ser humano.)

Todas as virtudes cuja capa de veludo acabava em franja de algodão, uma vez puxadas pela franja, deitavam a capa às urtigas e vinham alistar-se na igreja nova. Atrás, foram chegando as outras, e o tempo abençoou a instituição. A igreja fundara-se; a doutrina propagava-se; não havia uma região do globo que não a conhecesse, uma língua que não a traduzisse, uma raça que não a amasse. O Diabo alçou brados de triunfo.

(Machado de Assis usa o veludo e a seda como metáforas para as virtudes, e a franja de algodão, material menos nobre de segunda qualidade, para as paixões humanas.)

Um dia, porém, longos anos depois notou o Diabo que muitos dos seus fiéis, às escondidas, praticavam as antigas virtudes. Não as praticavam todas, nem integralmente, mas algumas, por partes, e, como digo, às ocultas.

(Na segunda fase de nossa existência, quando obtivemos o sucesso que o mundo esperava de nós, quando formamos nossos filhos e criamos as condições básicas da vida (casa, família, trabalho, dinheiro), o barulho do *big bang* de nossa alma aparece, as virtudes exigem o seu lugar em nossa psique. A "coisa pega", e a dor espiritual aparece. Mas, no sonho, nas doenças, algo nos chama novamente para as virtudes que foram enterradas no deserto de nossa vida.)

Certos glutões recolhiam-se a comer frugalmente três ou quatro vezes por ano, justamente em dias de preceito católico; muitos avaros davam esmolas, à noite, ou nas ruas mal povoadas; vários dilapidadores do erário restituíam-lhe pequenas quantias; os fraudulentos falavam, uma ou outra vez, com o coração nas mãos, mas com o mesmo rosto dissimulado, para fazer crer que estavam embaçando os outros. A descoberta assombrou o Diabo. Meteu-se a conhecer mais diretamente o mal, e viu que lavrava muito. Alguns casos eram até incompreensíveis, como o de um droguista do Levante, que envenenara longamente uma geração inteira, e, com o produto das drogas, socorria os filhos das vítimas.

No Cairo achou um perfeito ladrão de camelos, que tapava a cara para ir às mesquitas.

O Diabo deu com ele à entrada de uma, lançou-lhe no rosto o procedimento; ele negou, dizendo que ia ali roubar o camelo de um drogomano; roubou-o, com efeito, à vista do Diabo, e foi dá-lo de presente a um muezim, que rezou por ele a Alá.

O manuscrito beneditino cita muitas outras descobertas extraordinárias, entre elas esta, que desorientou completamente o Diabo.

Um dos seus melhores apóstolos era um calabrês, varão de cinquenta anos, insigne falsificador de documentos, que possuía uma bela casa na campanha romana, telas, estátuas, biblioteca, etc. Era a fraude em pessoa; chegava a meter-se na cama para não confessar que estava são. Pois esse homem não só não furtava ao jogo, como ainda dava gratificações aos criados. Tendo angariado a amizade de um cônego, ia todas as semanas confessar-se com ele, numa capela solitária; e, conquanto não lhe desvendasse nenhuma das suas ações secretas, benzia-se duas vezes, ao ajoelhar-se e ao levantar-se. O Diabo mal pôde crer em tamanha aleivosia. Mas não havia que duvidar; o caso era verdadeiro. [...]

Voou de novo ao céu, trêmulo de raiva, ansioso de conhecer a causa secreta de tão singular fenômeno. Deus ouviu-o com infinita complacência; não o interrompeu, não o repreendeu, não triunfou, sequer, daquela agonia satânica.

Pôs os olhos nele, e disse-lhe:

— Que queres tu, meu pobre Diabo? As capas de algodão têm agora franjas de seda, como as de veludo tiveram franjas de algodão. Que queres tu?

É a eterna contradição humana.

Os tipos na psicologia do eneagrama

> "O passado e o futuro escondem Deus da nossa vista. Queime-os a ambos com o fogo. Por quanto tempo serás dividido por estes seguimentos qual um caniço? Enquanto o caniço for dividido, não receberás segredos, nem serás sonoro em respostas aos lábios e à respiração." Rumi

Os nove pontos representam nove tipos básicos de personalidade, cada qual com suas estratégias para buscar a felicidade, relacionar-se com o mundo e com as pessoas. Usando a metáfora dos computadores, podemos falar que os tipos são programas que ajudam a saber em que direção, como e por que cada tipo é programado de forma específica.

Pelo fato de sermos humanos, somos os nove tipos em potencial, mas de alguma forma um tipo está mais desperto, mais atuante, ao passo que os outros podem estar contidos, reprimidos ou inativos. Os tipos que estão inativos ou reprimidos não devem ser ignorados, não é prudente dizer: "Isso eu não tenho!". Lembre-se de que em momentos anteriores de sua existência, sobretudo no final da adolescência, os comportamentos-padrão de seu tipo dominante estavam mais presentes, mas, à medida que a idade avança e a pessoa vai se desenvolvendo, o tipo tende a estar menos atuante. Isso é verdadeiro para pessoas que ousaram se observar e modificar seus comportamentos disfuncionais. Nas pessoas que não conhecem a si mesmas, a paixão e a fixação tendem a exacerbar. Mesmo nas pessoas mais desenvolvidas, é bom não descartar a atuação do tipo e achar que as características, as crenças, as emoções e os pensamentos do tipo primordial são algo que já resolveu. O melhor é dizer: "Eu era assim". Como escreveu Fernando Pessoa: "Não me arrependo do que fui outrora porque ainda o sou".

O eneagrama afirma que há uma fixação em um traço de caráter, uma fixação na motivação que determina os comportamentos nos tipos.

Os primeiros anos de vida são fundamentais para a formação do tipo psicológico e, consequentemente, a da personalidade. Nesse período, um erro cognitivo, um empobrecimento da atenção, "uma queda", um limite perceptivo alterou a qualidade da percepção, escondendo a virtude, a qualidade divina presente no nascimento. A percepção distorcida, a história bibliográfica de cada um e as vivências infantis dominam a personalidade e deixam a qualidade divina em segundo plano, fazendo com que o vício faça oposição à essência.

Uma vez perdida a consciência de quem somos e o contato com a essência (uma qualidade do divino), tudo se degrada e se transforma de maneira egoica. O ego trai a essência e passa a ser o senhor e a verdade pessoal, uma percepção distorcida da verdadeira natureza da alma.

Vamos usar uma metáfora. Imagine um copo de vidro cheio de água boiando no oceano. Temos água dentro do copo e água fora do copo. O copo separa a água interna da água do oceano. Se o copo está translúcido, permite à água interna "ver" a água do mar. Água dentro e água fora, separadas apenas pelo vidro. A formação de uma estrutura egoica torna o copo opaco, pois a visão translúcida do oceano pode abalar e danificar a ideia na individualidade e "soltar" os conteúdos reprimidos; assim, o ego reage e faz do copo uma "armadura" que separa fortemente a água de dentro e a água de fora. O ego defende-se para que os conteúdos reprimidos não se transformem em pesadelos, tornando o copo forte e capaz de suportar as altas ondas do mar. Aqui se dá o processo de separatividade eu/mundo, eu/outro. A água de dentro já não sabe que é parte da água de fora e perde a ligação com o oceano. Perdendo a ligação com o oceano (com o divino) é que se desenvolve um dos nove tipos psicológicos mencionados no eneagrama.

A perda da ligação com o oceano é a queda mencionada nas tradições espirituais, é a passagem de um estado do incondicionado (o divino) ao condicionado (o humano), paradoxo necessário para a formação do tipo psicológico. Portanto, a centelha divina transforma-se em um tipo psicológico.

A ideia divina na formação dos tipos

A qualidade divina presente no nascimento torna cada tipo sensível a uma determinada ideia divina e traz implícita em si uma noção correspondente: há uma predisposição em desenvolver determinado tipo de personalidade. O ser humano nasce com uma predisposição a interpretar os fatos e os acontecimentos de sua vida de maneira específica, influenciado pelo tipo psicológico. Podemos dizer que o condicionamento é moldado de acordo com a predisposição da pessoa em desenvolver um tipo psicológico.

O estudo e a compreensão da infância no eneagrama primordial não eram feitos na forma psicológica atual, que "explica" a formação da personalidade a partir das frustrações, das necessidades não satisfeitas, dos mecanismos de castração, dos mecanismos de defesa, enfim de carências e dificuldades. A leitura é exatamente o contrário. A qualidade do divino recebida no nascimento gera a infância correspondente ao vício (ao tipo psicológico), para que, por meio dela, a liberdade e a consciência possam ser restabelecidas na vida adulta, como forma de relembrar e reconectar-se com a centelha divina. A qualidade, a virtude, é que deve ser cultivada e relembrada para poder se reconectar com nossa essência. Dessa maneira, os defeitos, os vícios, são os desafios para o desenvolvimento e o aprimoramento pessoal. O esquecimento da virtude, da inteligência espiritual, é relembrado pela presença dos vícios, de falhas, da dinâmica psicológica presente em cada tipo. Assim, a ferida mais profunda em cada ser humano é o esquecimento da qualidade divina. Essa ferida torna-se a "lembrança do divino" escondida no inconsciente, que se expressa como o medo ôntico do ego. Qualquer tentativa de aproximação com o divino, o ego entende como ameaça. O divino aparece inconscientemente, como o medo do sucesso. O medo do sucesso é uma constante em todas as personalidades, o que muda é sua intensidade. A personalidade esconde o divino, pois o ego o teme. O tipo 1 temerá ser "misericordioso como Deus é misericordioso". Seu medo é de ser Deus! Nessa visão, as psicologias convencionais contradizem a psicologia do eneagrama, pois não levam em consideração a dimensão espiritual presente e atuante no ego. Todo o trabalho de autoconhecimento no eneagrama consiste em resgatar a qualidade divina como um ideal de vida, como a essência de nossa existência.

O eneagrama contempla duas dimensões para entender e trabalhar com os tipos psicológicos

Vamos utilizar uma metáfora: a cruz. Na cruz temos um eixo horizontal e um eixo vertical que se encontram no centro de cada linha, formando a cruz. O eixo horizontal corresponde aos nove tipos psicológicos, aos nove *softwares* apresentados pelo eneagrama. Descrevem os tipos de forma universal, sem considerar a individualidade (aquilo que não se divide) em cada pessoa.

Podemos classificar o eixo vertical em três partes: a parte superior da cruz contempla o lado "saudável", o estado de desenvolvimento pessoal, quanto estamos "curados" do lado disfuncional presente em cada tipo; o centro é a dimensão normótica do tipo, que paradoxalmente é o encontro do horizontal e do vertical. Esse encontro é a essência do eneagrama, humano (os tipos) encontrando-se com o divino; a parte inferior da cruz, o pé da cruz, é a dimensão disfuncional de cada tipo, é o não saudável, a doença em cada tipo, que descreveremos no capítulo sobre as patologias.

Portanto, as três dimensões do eixo vertical representam os níveis de desenvolvimento que permitem medir quão saudável, normal ou patológica está a pessoa.

As três dimensões ou níveis de desenvolvimento possíveis em cada tipo

1. **Saudável:** é a dimensão do desenvolvimento daquilo que o ser humano possui de melhor. Nesse nível, o indivíduo reconheceu e transformou a paixão e a fixação em um novo repertório de crenças, sentimentos e comportamentos positivos, criando espaço para que a inteligência espiritual reprimida na formação do ego agora esteja presente na vida cotidiana.

2. **Normótico:** é o indivíduo com suas características normais, isto é, sem ter trabalhado seu tipo. Podemos dizer que é o tipo em seu estado bruto. O indivíduo não tem muita consciência de si mesmo, de como se comporta e por que se comporta. É o tipo cru. Nesse nível vive a maioria das pessoas.

3. **Não saudável:** é quando as características negativas, disfuncionais, patológicas dominam o indivíduo por inteiro. Veremos esse nível de desenvolvimento mais adiante, na descrição das patologias específicas de cada tipo.

Mecanismos de perda da ligação com a essência

Para elucidar o ambiente em que o ego é criado e distorce a essência, tomo algumas ideias de Sandra Maitri, da psicanálise, de Pierre Weil e da tradição do eneagrama.

Uma vez fragmentada, a essência da criança é obscurecida, escondida na personalidade, e os estados de sofrimento e de confusão tornam-se a norma, porque a inteligência espiritual e a atenção plena são dimensões necessárias à saúde mental e inerentes à espiritualidade. Perde-se contato com a virtude essencial e constrói-se a personalidade sobre uma caricatura da essência.

O ser humano integral

O ser humano integral, segundo o eneagrama, é a convivência e a integração do plano divino com o plano humano. Humano e divino vivendo uma única realidade: a vida em sua plenitude. Se a vida em sua plenitude exige a convivência dessas duas dimensões e algo sai errado, a personalidade distorce o sagrado e passa a dominar as emoções, os pensamentos e os comportamentos, adormecendo o *self*. *Self* aqui é definido como a dimensão transcendente da psique, compondo a consciência, a totalidade do inconsciente e a supraconsciência com a imagem de Deus (imago Dei).

Segundo Stein (2006, p. 138), Jung teve a primeira experiência do si mesmo (*self*) entre 1916 e 1918, quando descobriu que a psique se apoia sobre uma estrutura fundamental e que essa estrutura amortiza e suporta os grandes sofrimentos que a pessoa passa em sua vida, como abandono, traição, estresse e momentos de grandes perdas. Essa estrutura, o *self*, é a dimensão que nos ancora no equilíbrio emocional e mantém a estabilidade da psique. O *self* é adormecido pelas experiências e pelos processos da formação do ego, porém não sucumbe à sua tirania, mas continua presente apesar de não ser o timoneiro dos desejos, dos pensamentos e das emoções. Pessoas extraordinárias têm o *self* como a bússola da psique.

O tipo 1

O Mestre, O Moralista, O Perfeccionista, O Organizador.

O *self*	adormece na	personalidade
A- A Ideia Divina de Perfeição	Distorce em	Fixação que no 1 é Ressentimento
B- A paixão	Manifesta-se como	Raiva
C- A virtude divina Serenidade	Quando cultivada, gera as forças	Integridade; honestidade; analítico

ACORDE! Um Eu dorme em Você

Apesar do *self* ser a inteligência espiritual que pode iluminar a personalidade, portanto maior que ela, quem comanda o barco da vida é a personalidade até que se acorde do sono do ego.

Conforme a tabela anterior, vemos que:

A- A ideia divina para o tipo 1 é a Perfeição divina. A ideia divina é distorcida e diminuída na fixação, que, nesse caso, é o ressentimento.

B- A paixão no 1 gera um clima interior de raiva contra tudo o que está errado e um padrão comportamental de querer consertar e endireitar o mundo.

C- A virtude – no caso do tipo 1, a serenidade –, é distorcida na paixão, mas, quando cultivada, quando consciente, manifesta-se na personalidade como as forças (disciplinado; integridade/honestidade; analítico).

O que permanece positivamente na personalidade como resultado da virtude são as forças pessoais correspondentes a cada tipo psicológico.

1. O conceito da paixão: raiva

Raiva, a paixão que, reprimida no inconsciente, manifesta-se em sentimentos de insatisfação e frustração.

Percebendo que não é o "perfeito", o "soberano", o "senhor", que as coisas não são como ele deseja e imagina, sua autoestima é abalada. Constatar que não é perfeito gera um grande e violento descontentamento, consigo mesmo e com o mundo. O tipo 1 experimenta a ira da ação (*ira acciones*, termo cunhado por Santo Agostinho) e opõe-se a si mesmo, tentando se corrigir ou corrigir os outros.

Mesmo Jesus foi tomado por uma "cólera santa" quando viu os comerciantes no templo de Jerusalém fazendo de sua casa de oração uma tenda de bandoleiros e demonstrou sua ira pegando o chicote e ameaçando os profanadores.

Nos momentos em que a personalidade deixa se arrastar

pelo sofrimento e pelas experiências traumatizantes, ressentimentos, paixão, medos, Jung propõe desenhar mandalas para que o inconsciente possa se reorganizar por meio de imagens de Deus, gerando a unificação e a integridade que mantêm o equilíbrio da personalidade.

2. Um dia a criança 1 erra o alvo e acerta no vício

O tipo 1 pode ter tido uma infância em que o tema central era recompensa/punição. Nesse clima, a crítica passa a ser a tônica, e a recompensa quase nunca vem. A infância é normalmente caracterizada pela responsabilidade, a criança torna-se adulta muito cedo.

O tipo 1 percebe logo na infância que não é perfeito e revolta-se contra tudo e contra todos, tentando imprimir no mundo a perfeição. Torna-se o pequeno professor.

3. Criando a autoimagem de: tolerante, moderado, bom, sensato, prudente, racional, objetivo e moral

A autoimagem está sempre ligada a pensamentos disfuncionais. Talvez, o leitor se lembre do que acontecia quando um LP era danificado. A música parava naquele lugar e ficava se repetindo o tempo todo. As crenças pessoais do tipo 1 são discos arranhados que travam nossa música e repetem as crenças disfuncionais em todas as situações de estresse e sofrimentos ou dificuldades.

O tipo 1 é um idealista que tem uma imagem ideal de si mesmo e dos outros, e isso o leva a uma frustração constante. Nem ele nem os outros são aquilo que ele idealizou, gerando um estado de insatisfação permanente. Ele raramente está satisfeito consigo. Muito íntegro, trabalha duro, atento a tudo o que falta, focaliza-se em detalhes. Leal, é digno de confiança, é uma pessoa do dever. Desenvolveu um diálogo interno de autocrítica que o leva a pensar em oposição dualista, de forma dicotômica: verdadeiro/falso, justo/injusto, belo/feio, bem/mal... Sem meias medidas, sem nuances: é preto no branco. Ele vai de um extremo a outro segundo a estrutura dos heróis de melodramas. O 1 sente-se encurralado, nutre o sentimento de que tem pouca escolha, apenas um modo de agir é correto.

É muito crítico em relação aos outros, já que todos poderiam fazer melhor, mas não fazem. Sua exigência apoia-se na ideia de que, se é fácil, não serve para nada! O 1 reprimiu os próprios desejos, portanto não encontra seus sentimentos, achando-se uma pessoa sem sentimentos. A raiva reprimida e interiorizada o leva a sentir culpa e ansiedade constantemente.

4. As crenças disfuncionais no tipo 1
Eu preciso!
Devo!
Você deveria...!
Nunca sou bom o suficiente!
Devo ser melhor!
Eu sou nulo!
Eu estrago tudo!
Não consigo vencer!
Seja bom!
Comporte-se!
Esforce-se!

Assim como as ideias disfuncionais geram os sintomas mórbidos, o eneagrama sagrado afirma que, quando estamos centrados no *self*, os pensamentos disfuncionais produzidos, sobretudo em nossa infância e adolescência, são transformados em crenças positivas. Quando mudamos nossas crenças e pensamos, acreditamos em algo assim:
Eu enxergo o que deve ser perfeito.
Eu vejo tudo o que foi feito de bom.
Fiz o bastante e o conveniente.
Contento-me com modéstia no meu nível.
Na próxima vez tentarei fazer um pouco melhor, agora é o suficiente.

5. Mecanismo de defesa do tipo 1: sublimação e formação reativa

A sublimação é transformar tudo no seu contrário. O tipo 1 vai de um extremo a outro, tudo o que não funciona é transformado em seu contrário. Por exemplo, uma tentação sexual será reprimida, depois escondida e desenvolve-se como um pudor. Ou o fato de sentir ódio de Maria vai fazer o 1 ter de ajudá-la e tornar-se seu escravo. Se sente vontade de sujar, isso será escondido e transformado em uma obsessão por limpeza (varrer, lavar, aspirar, andar na ponta dos pés...). Controle de reação (processo de censura que decide sobre o que devemos externar e de que forma).

6. O que necessita aprender

- Aceitar a si e aos outros;
- Não julgar;
- Deixar de ser o salvador do mundo;
- Cuidado ao apaixonar-se, pois facilmente busca a pessoa "perfeita";
- Lidar com a frustração e não querer se ver livre dela.

7. Os subtipos 1

O eneagrama da personalidade divide o tipo 1 em três subtipos.

Subtipo 1 autopreservação (atitude básica: ansiedade/timidez)

Ansiedade/timidez leva ao constante medo de cometer erros; para ele, o erro é fatal. Raiva é canalizada para dentro, gerando a tendência de autopunir-se.

Subtipo 1 sexual (atitude básica: julgamento)

Julgamento passa a ser o *modus operandi*. Raiva é direcionada para o outro, manifestando o comportamento de culpar e exigir muito dele.

Subtipo 1 social (atitude básica: inconformidade)

Virtuoso e guardião dos valores institucionais e morais põe a mão na massa e torna-se o reformador dos sistemas sociais:

igreja, família, tradição. Raiva é direcionada contra "objetos", sobretudo as instituições, tornando-o severo e exigente, sublimando a raiva em "virtude irada".

8. O complexo de Jonas no tipo 1: medo de querer

Leloup define o medo de querer como a recusa de um *self* amoroso que convida o eu a se doar, isto é, a morrer inteligentemente, ou melhor, morrer alegremente. "Jonas, indo para Tarsis e procurando preservar seu eu, não podia senão perder, talvez iria morrer velho, mas não sem ter vivido; indo para Nínive, ele descobre que pode se doar, ser amoroso, morrer também, sem dúvida, mas não sem ter amado."

Os outros vão morrer, assim como nós iremos; se somos assim tão iguais perante a morte, quem somos nós para querer julgar, excluir, acrescentar a morte precoce à morte rotineira e diária; ser judeu, cristão ou muçulmano, não somos todos humanos, húmus, terra? Isso Jonas sabia, assim como nós sabemos, mas ele não queria sabê-lo, assim como nós não queremos. Jonas não quer saber que no íntimo de seu ser é doce, "ainda mais" com a melhor doçura dos fracos. Jonas é o medo de amar ou, ainda, o medo de ser Deus, pois "Deus é amor, e aquele que está no amor está em Deus, e Deus está nele".

9. O tipo 1 nas organizações

É idealista, leal à empresa e à equipe. Esforça-se e deseja um ambiente de transparência nos processos de tomada de decisão. É organizado e se ocupa em explicitar os valores da empresa. Trabalha sua personalidade e cresce muito como pessoa tanto internamente quanto na organização. É bom líder e capaz de se tornar um verdadeiro pilar para o crescimento coletivo das empresas. Quando ainda está centrado em si mesmo, torna-se um líder autoritário e crítico. O excesso de zelo pela empresa torna-o impessoal e cheio de raiva contra qualquer erro de colegas e superiores.

Quando estressado, torna-se obsessivo e autoagressivo, absorvendo do tipo 4 o que há de mais melancólico e depressivo.

Quando maduro, absorve do tipo 7 a alegria e a espontaneidade. Temos aqui os verdadeiros alicerces de uma empresa em que a visão, os valores e a estratégia alinham-se com clareza e objetividade. Trabalha duro, mas encontra o equilíbrio interior e é capaz de compreender que todos os fatos e eventos podem ser transformados em crescimento e aprendizagem. Quando líder, é capaz de equilibrar os diversos interesses do ambiente organizacional.

10. Exacerbando na intensidade dos padrões de pensamentos e sentimentos, o tipo 1 adoece

Quando a intensidade das características do tipo 1 exacerba, ele adoece. A exacerbação das características do tipo psicológico desemboca em um transtorno de personalidade. Veja abaixo como o Manual Diagnóstico e Estatístico de Transtornos Mentais (DSM – do inglês, Diagnostic and Statistical Manual of Mental Disorders) descreve os transtornos de personalidade possível no tipo 1. Cada tipo possui uma tendência a determinadas patologias.

Tendência no tipo 1: transtorno de personalidade obsessivo-compulsivo.

Critérios de diagnóstico (segundo o DMS)

O excesso de dever, o excesso de responsabilidade, o excesso de perfeição, os excessos de obrigação em vencer podem gerar no tipo 1 transtorno de personalidade obsessivo-compulsivo.

Um padrão invasivo de preocupação com organização, perfeccionismo e centro mental e interpessoal, à custa de flexibilidade, abertura e eficiência que começam no início da idade adulta e estão presentes em uma variedade de contextos indicados por pelo menos quatro dos seguintes critérios:

1. Preocupação tão extensa com detalhes, regras, listas, ordem, organização ou horários fazendo com que não esteja presente na atividade e perdendo o essencial.
2. Perfeccionismo que interfere na conclusão de tarefas (por exemplo, é incapaz de completar um projeto porque não consegue atingir seus próprios padrões demasiadamente rígidos).

3. Devotamento excessivo ao trabalho e à produtividade, em detrimento de atividades de lazer e amizades (não explicado por uma óbvia necessidade econômica).
4. Excessiva conscienciosidade, escrúpulos e inflexibilidade em assuntos de moralidade ética ou valores (não explicados por identificação cultural ou religiosa).
5. Incapacidade de desfazer-se de objetos usados ou inúteis, mesmo quando não têm valor sentimental.
6. Relutância em delegar tarefas ou resistência ao trabalho em conjunto, a menos que seus pares se submetam a seu modo exato de fazer coisas.
7. Adoção de um estilo miserável quanto a gastos pessoais e com outras pessoas; o dinheiro é visto como algo que deve ser reservado para catástrofes futuras.
8. Rigidez e teimosia.

Por mais doente que o indivíduo esteja, a ideia divina persiste.

O ideal de perfeição está em cada um de nós, tanto que o desencorajamento e o amargor das experiências de vida não o abalam. O objetivo é então manifestar e realizar em nossa vida a perfeição divina. Nada é belo o suficiente sem Deus.

11. Apesar do ego, a ideia divina persiste, gerando empoderamento que desperta comportamentos no tipo 1

Ético, confiável, produtivo, inteligente, idealista, justo, honesto, organizado, autodisciplinado, inspirador, cuidadoso e sereno.

O tipo 2
GENEROSO, PRESTATIVO, ZELOSO, CUIDADOSO, FACILITADOR

| O *self* | adormece na | personalidade |

A- A ideia divina Vontade	distorce em	fixação = bajulação
B- A paixão	manifesta-se como	orgulho
C- A virtude divina Humildade	quando cultivada, gera as forças	a) bondade / generosidade; b) inteligência social / empatia; c) amar e ser amado

Conforme a tabela anterior, vemos que:

A- A ideia divina para o tipo 2 é a Vontade divina. A ideia divina é distorcida e diminuída na fixação, que, nesse caso, é a bajulação.

B- A paixão no tipo 2 manifesta-se na forma de orgulho.

C- A virtude – no caso o tipo 2, a humildade – é distorcida na paixão, mas, quando cultivada, quando consciente, manifesta-se na personalidade como as forças (bondade / generosidade; inteligência social / empatia; amar e ser amado).

O que permanece positivamente na personalidade como resultado da virtude são as forças pessoais correspondentes a cada tipo psicológico.

1. O conceito da paixão: orgulho

Lado positivo: sentimento de prazer, de grande satisfação com o próprio valor, com a própria honra. Lado pejorativo: sentimento egoísta, admiração pelo próprio mérito, excesso de amor-próprio; arrogância, soberba.

No eneagrama, o orgulho é nossa incapacidade ou renúncia a reconhecer nossos sofrimentos. É negar as necessidades pessoais e tentar ajudar os outros. É um ato de vangloriar-se pela própria virtude.

O tipo 2, desde criança, aprendeu a ser bom, e os familiares e os amigos perceberam isso. Então, começaram a agradecer a ele, a felicitá-lo e a endeusá-lo. Então, o tipo 2 se dá conta de que realmente é bonzinho e passa a confiar nessa verdade. O reforço e as lembranças dos elogios que recebeu fazem com que a pessoa perca a humildade e se torne orgulhosa. Como? Ajudar passou a ser a forma de se sentir amado.

ACORDE! Um Eu dorme em Você

Agora que o 2 é bonzinho e caridoso, espera ser elogiado e recompensado por sua devoção e bondade. O tipo 2 mente a si mesmo e passa a confiar em sua dedicação e sua bondade; assim, acostuma-se a esperar reconhecimento, gratidão, cumprimentos e homenagens. Quando os outros não estão presentes, é comum o 2 sentir ingratidão. De um lado, é confiante de suas boas ações, sua devoção, sua caridade, suas virtudes, seu altruísmo; de outro, espera os elogios, os agradecimentos e a gratidão, que dificilmente vêm.

Então a mãe divina, qualidade presente no 2, deteriora-se em uma tirana efetiva, torna-se uma santa orgulhosa e uma manipuladora incômoda. O tipo 2 torna-se sedutor, possessivo (a mama mediterrânea ou a mãe judia típica). Sedento de reconhecimento, toma rapidamente uma atitude de mártir ("Depois de tudo o que fiz para você... Eu que me sacrifiquei e renunciei a..."). O tipo 2 doa-se completamente, mas isso não lhe devolve a humildade. No auge da deterioração, pode se tornar um manipulador incômodo, que faz tudo calculadamente. Eles são meus! Eles todos devem me amar!

2. Um dia a criança 2 erra o alvo e acerta no vício

O tipo 2 percebe, desde criança, que é amado quando dá prazer aos outros e ainda, frequentemente, tomava sobre si a carga emocional de seus pais, tornando-se confidente de um deles. É muito comum que pessoas do tipo 2 tenham tido uma infância em que seus pais necessitassem de seus cuidados, pois podem ter pertencido à categoria de pais deficientes, loucos, alcoólatras, drogados, depressivos, suicidas. Nesse caso, desestabilizado como criança, o 2 passou a comportar-se como adulto desde muito cedo.

3. Criando a autoimagem de: afetuoso, amável, humanitário, bondoso, compassivo e generoso

O tipo 2 sempre se comporta de forma gentil, atenciosa, precavida e servil.

Seu interesse pelas pessoas e pelas relações é conhecido por todos. Muitas vezes ele é capaz de tirar o melhor dos outros.

Desenvolveu o dom de saber do que as pessoas precisam. Percebe imediatamente as necessidades e os desejos dos outros, fundindo-se com eles. Reprime suas necessidades, ocupando-se mais com os outros do que com seus próprios desejos. Ou ainda seus desejos colocam-se imediatamente em conformidade com as necessidades dos outros. O 2 sente mais do que pensa. Sua vida depende da aprovação das pessoas, ele procura a aprovação dos outros. Em seu limite máximo, seu amor é a forma de controlar os outros.

4. As crenças disfuncionais do tipo 2

Os desejos dos outros são mais importantes que os dele. O tipo 2 acredita que os outros devem ser felizes para que o amem. As necessidades dos outros passam pelas suas.

Serei amado se for meigo e carinhoso!
Devo ser compreensivo e prestativo!
Devo deixar minhas necessidades em segundo plano.
Prestem atenção em mim!
Acariciem-me!
Sou um servo de Deus!
Se eles estão contentes e satisfeitos, eu serei amado!
Tenha necessidade de mim!
Deus não pode salvar o mundo sem mim!

5. Mecanismo de defesa do tipo 2: a repressão (agressão e sexualidade)

Tudo o que desagrada o tipo 2 é excluído, destruído, anulado. Aquilo que desagrada é anunciado no rosto do 2 de forma sutil. Inconscientemente carrega crenças deste tipo: "Atenção, perigo".

O autocontrole é grande, mas alguns sinais corporais revelam o que o desagrada (morder os lábios, serrar os dentes, empalidecer ou transpirar...). O desejo de amor é tão grande que ao sacrifício acompanha um suspiro, sem perder o sorriso.

6. O que o tipo 2 necessita aprender

- Renunciar à compaixão e ao desejo de elogio.
- Reorientar e reencontrar seus desejos.
- Viver para si, pensar em si, em sua própria vida.
- Pensar em vez de só sentir.
- Reconhecer e instalar uma fronteira, uma diferenciação entre si e os outros.
- Repetir a si mesmo: "Sou eu que me amo".

7. Os subtipos 2

O eneagrama da personalidade divide o tipo 2 em três subtipos.

Subtipo 2 autopreservação (atitude básica: privilégio).

Merece privilégios graças a sua bondade, sua santidade, quer ser recompensado por sua dedicação.

O subtipo 2 autopreservação é o desejo dos outros. Torna-se o que o outro quer que ele seja. Seu verdadeiro desejo está escondido e passa a ser o que o outro quer dele. Seu lema é: "Estou a seu serviço".

Subtipo 2 sexual (atitude básica: sedução).

Orienta sua energia psíquica para a sedução. Seduzir e chamar atenção é o meio de alcançar seus objetivos. Ele é mais objetivo que o tipo preservação, orientando sua agressividade dissimulada para atingir o que quer do outro.

Subtipo 2 social (atitude básica: ambição).

É caracterizado pela palavra ambição. É voltado para grandes projetos e tem habilidade para usar pessoas importantes para conseguir realizar seus objetivos. Grande habilidade em manipular socialmente o outro por meio de seu otimismo e sua capacidade de identificar pessoas importantes. É um dependente de pessoas importantes.

Procura influência social. Quer desempenhar papel importante na vida de pessoas importantes.

8. O complexo de Jonas no tipo 2: medo de não ser amado

Se há o medo de amar, há também o de não ser amado.

"O Jonas 2 recusa-se a mudar, qualquer que seja a mudança, mesmo quando significa uma existência melhor e mais feliz, mesmo que seja a vontade Deus. O abandono de antigos hábitos, a perda do conhecido, cria nele um clima de insegurança insuportável. Não há realmente segurança, a não ser no previsível, mas ele não significa sofrimento ou tristeza. Andre LaCocque e P. E. Lacocque salientam em uma de suas notas: "O desejo de segurança é muito importante nos psicóticos. Muitos deles aprendem, desde a infância, que mudança implica perigo para o equilíbrio mental: o medo de se descobrir só, privado da simbiose com os pais". O 2 continua a buscar os pais tornando-se um deles, está identificado com a mãe.

9. O tipo 2 nas organizações

Interessam-se profundamente pelos problemas de colegas e esperam que estes confiem neles. Interessam-se muito pelos objetivos da empresa e ocupam-se em ser compreendidos e reconhecidos pelo esforço pessoal. Pessoas generosas, que pensam com o coração, estão sempre dispostas a ajudar um colega de trabalho. Torcem pelo sucesso de todos.

Quando imaturos, mimam, fofocam e paparicam todos. O orgulho torna-os vaidosos e ávidos por elogios. Tornam-se insubstituíveis, e seu discurso é sempre o de levar a empresa nas costas. Consideram-se possuidores de todas as qualidades de que a empresa necessita para o sucesso. Quando não conseguem atingir seus objetivos pessoais, isto é, elogio e reconhecimento, sentem-se humilhados, rejeitados e explorados por todos. A raiva e a ideia de que são poderosos levam-nos à ideia fixa de fazer justiça para todos e consertar a empresa.

Quando caminham no sentido da integração e do amadurecimento de sua personalidade, tornam-se alicerces para a criação de um ambiente de cooperação e trabalho em equipe. São capazes de reconhecer em todos o lado positivo e buscam criar um ambiente gratificante e estimulante para todos. Como líderes, são capazes de formar equipes totalmente autogerenciáveis.

10. Exacerbando na intensidade dos padrões de pensamentos e sentimentos, o tipo 2 adoece

Na doença, o tipo 2 só pensa em si mesmo, ele tem todos os direitos, ele deve ser servido, ele pede todos os cuidados, o eu está em primeiro lugar.

Uma possível patologia no tipo 2 é o transtorno de personalidade histriônica (TPH), que é definido pela Associação Americana de Psiquiatria como um transtorno de personalidade caracterizado por um padrão de emocionalidade excessiva e necessidade de chamar atenção para si mesmo, incluindo a procura de aprovação e comportamento inapropriadamente sedutor, normalmente a partir do início da idade adulta. Tais indivíduos são vívidos, dramáticos, animados e flertadores e alternam seus estados entre entusiásticos e pessimistas.

Tendência de transtorno da personalidade histriônica

Critérios diagnósticos (segundo o DMS IV)

Um padrão invasivo de excessiva emocionalidade e busca de atenção que começa no início da idade adulta e está presente em uma variedade de contextos, como indicado por cinco (ou mais) dos seguintes critérios:

1. Sente desconforto em situações nas quais não é o centro das atenções.
2. A interação com os outros frequentemente se caracteriza por um comportamento inadequado, sexualmente provocante ou sedutor.
3. Exibe mudança rápida e superficialidade na expressão das emoções.
4. É sugestionável, ou seja, é facilmente influenciado pelos outros ou pelas circunstâncias.

5. Considera os relacionamentos mais íntimos do que realmente são.

Mais de quatro comportamentos acima geram um déficit, levando o tipo 2 ao transtorno da personalidade histriônica.

11. Apesar do ego, a ideia divina persiste, gerando um empoderamento que desperta comportamentos no tipo 2

Grande habilidade para relacionar-se com gentileza, compaixão e amor altruísta. Gosta de fazer favores e boas ações para os outros.

O tipo 3

REALIZADOR, EMPREENDEDOR, CONQUISTADOR, INICIADOR

O *self*	adormece na	personalidade
A- A ideia divina Lei	distorce em	fixação = vaidade
B- A paixão	manifesta-se como	ilusão
C- A virtude divina. Veracidade	quando cultivada, gera as forças	a) realização/ação; b) perseverança/persistência; c) competição

Conforme a tabela acima, vemos que:

A- A ideia divina para o tipo 3 é a Lei divina. A ideia divina é distorcida na fixação, que, nesse caso, é a ilusão/engano.

B- A paixão no tipo 3 manifesta-se na forma de ilusão.

C- A virtude – no caso do tipo 3 – quando cultivada, tona o tipo totalmente verdadeiro consigo e com os outros.

1. O conceito da paixão: ilusão

É a qualidade do que é vão, vazio, firmado sobre aparência ilusória.

A ilusão pode ser também chamada de vaidade, pois o tipo 3

confunde-se com a própria aparência – ou quaisquer outras qualidades físicas ou intelectuais –, fundamentado no desejo de que tais qualidades sejam reconhecidas ou admiradas pelos outros.

O tipo 3 identifica-se totalmente com o ego e, após um grande esforço, é muito habilidoso em apenas desenvolver papéis sociais em vez de desenvolver sua verdadeira natureza.

Na luta pela vida, os obstáculos existem e, para muitos, são difíceis de vencer. Esse tipo tem mais facilidade para vencer. Em sua necessidade compulsiva, o tipo 3 privilegia a vitória a qualquer preço. Muitas vezes, apega-se à falta de verdade e, com leveza e maestria, tenta distorcer a realidade a seu favor. É difícil enganar a todos, e o outro percebe que está sendo enganado e que o 3 está faltando com a verdade. O tipo 3 entende que uma "mentirinha" tem uma utilidade e é para construir algo bom. Não raro consegue enganar os outros, mas sobretudo engana a si mesmo. Criando e vendendo uma imagem de pessoa de sucesso, terá de criar as inverdades para mantê-la. Muitas vezes guarda para si um modo indigno para continuar a crer-se superior aos demais e, assim, obter a vitória que almeja. Quando o projeto é muito grande, também é grande a história que tem de contar ao outro. Para evitar o fracasso e que as coisas não deem certo, pode se utilizar da mentira e da traição e, dessa forma, acaba traindo a si mesmo.

Então, o mágico que obtém tudo se torna um " inescrupuloso", um explorador oportunista. É ambicioso, um lobo com dentes afiados que tudo vai abater em seu caminho. Dessa maneira, o tipo 3 passa a trair seu ideal, construindo exatamente o contrário do que pretendia realizar.

2. Um dia a criança 3 erra o alvo e acerta no vício

Em sua infância, os pais o recompensaram por seus resultados. Somente a performance foi valorizada. O tipo 3 aprendeu que o importante era vencer, ser o primeiro em tudo.

Então, acreditou que apenas os vencedores eram amados. É possível que tenha sido o filho preferido, aquele que daria certo. Também é possível que tenha sido o filho menos valorizado.

3. Criando a autoimagem de: admirável, desejável, atrativo, excelente, equilibrado, eficaz, de capacidade ilimitada

O tipo 3 é rápido e eficaz e adora competir. É uma pessoa que privilegia o trabalho, tornando-se agressivo e decidido.

Os obstáculos apagam-se num toque de mágica, prospera e ama o dinheiro e a vitória.

É um excelente planejador e planeja o futuro visando às metas. Sua vida social é medida pelo sucesso, por isso adora estar no centro, adora dominar. Cultiva e dá importância à sua aparência, à sua imagem visual.

Seus sentimentos, as pessoas, as relações são secundárias. É confiante em tudo o que faz. É um perfeito homem da política. Ama os Estados Unidos por seu pragmatismo.

A aprovação dos outros vem do seu sucesso, de ser vencedor.

4. As crenças disfuncionais no tipo 3
Com esforço, consigo tudo o que quero.
Bom é o que funciona.
Posso enganar qualquer um.
Sou bom quando venço.
Eu sou o que faço.
Eu sou um combatente, um vencedor.
Venço tudo.
Eu assumo, apesar de tudo.
Faça você mesmo.
Faça agora.
Ganhamos.
Atingimos a meta.
Eu só serei aceito se vencer.
Será que terei êxito?
Será que chegarei lá?

ACORDE! Um Eu dorme em Você

5. Mecanismo de defesa do tipo 3: a identificação

O tipo 3 visualiza o futuro dizendo a si mesmo: "Eu serei assim" e torna-se esse futuro. Crê, portanto, em um eu ideal, sem contradição, sem conflito. O tipo 3 identifica-se totalmente com a imagem ideal que criou para si mesmo, permitindo que o disfarce se torne uma realidade.

6. O que o tipo 3 necessita aprender

Ver brilhar sua inteligência abrindo-se para o outro.

Encher-se de vida e ser mais sensível nas habilidades humanas.

Equiparar sua inteligência a sua capacidade de amar.

7. Os subtipos 3

O eneagrama da personalidade divide o tipo 3 em três subtipos.

Subtipo 3 autopreservação (atitude básica: segurança)

Busca status, êxito e reputação e trabalha duro para conquistá-los.

O medo fundamental no tipo 3 autopreservação é o medo de não ser ninguém!

A autoimagem é vendida a todo momento, transformando-o em uma pessoa de sucesso.

Prudência, planejamento e credibilidade são a estratégia do tipo 3 preservação.

Subtipo 3 sexual (atitude básica: atração)

Deseja ser atraente, ser alguém. Ter sucesso é a melhor forma de tornar-se atraente.

Vende a autoimagem por meio da beleza física, das vestimentas e dos objetos de estilo pessoal. A agressividade controlada é utilizada como meio de expressão da autoimagem.

Subtipo 3 social (atitude básica: prestígio)

O sucesso pelo desempenho é exacerbado, e o foco passa a ser a projeção social, envolvendo-se em grupos sociais, como partidos políticos ou associações, que são usados para alcançar os objetivos pessoais de poder e status.

Características básicas:
- Quer ser bem-visto.
- Comporta-se conforme as reações dos outros.
- Quer ser reconhecido.

8. O complexo de Jonas no tipo 3: negação do divino

O complexo de Jonas pode ser considerado a negação do divino no tipo 3. Jung defendia que os efeitos dessa negação podem ser mais graves que os da repressão sexual. Leloup afirma que o homem de hoje é frequentemente "castrado" de sua dimensão espiritual pela normose. O tipo 3 é o normótico. A irrupção do numinoso em sua vida o atrapalha. Como Jonas, tenderá a fugir daquilo que em sua vida é maior que ele, mais corajoso que ele, mais amoroso e mais inteligente que ele, esse "maior que eu" é o outro eu, seu *self*. Não fugir de seu desenvolvimento nem cair na normose é o resultado de um processo, de uma escolha cotidiana: ir além de si mesmo, além de suas possibilidades, não para se perder, mas para se achar.

9. O tipo 3 nas organizações

O trabalho é sua paixão pessoal. É desenvolto e capaz de motivar pessoas para objetivos empresariais. Possui grande habilidade em planejar metas e traçar estratégias para alcançá-las. É naturalmente motivado a crescer. Os desafios são para ele uma força motriz. Possui tônus vital capaz de fazê-lo trabalhar muito mais que qualquer outro tipo. Sua grande dificuldade é lidar com fatores subjetivos e sentimentos. Quando maduro, coloca seu talento de realizador em prol da empresa ou da comunidade, desvinculando-se da ambição pessoal. É um líder visionário, isto é, percebe as possibilidades e as oportunidades de negócios e compartilha metas e objetivos com sua equipe de trabalho. É capaz de criar uma verdadeira "orquestra sinfônica" organizacional.

10. Exacerbando na intensidade dos padrões de pensamentos e sentimentos, o tipo 3 adoece

Entrando no déficit, o tipo 3 sente-se um completo fracassado. "Eu sou um zero à esquerda, eu estrago tudo, eu não consigo vencer." Quando está em seu pior, utiliza a estratégia do escorpião: trabalhar cientemente e destruir tudo, sabotar em um instante. É muito comum encontrar a estratégia do escorpião em executivos que, após muitos anos em uma empresa, são demitidos. Assume o fracasso total, e a depressão torna-se norma em sua vida.

Não vamos encontrar no DSM (0) o transtorno de personalidade para o tipo 3.

É possível que esse transtorno não esteja descrito, pois o 3 é o ideal da civilização capitalista ocidental. Alguns autores denominam essa patologia normose.

Normose, conceito cunhado por Roberto Crema, Jean-Yves Leloup e Pierre Weil: "Comportamentos normais de uma sociedade que causam sofrimento e morte". Dessa forma, é um indivíduo que está perfeitamente de acordo com a normalidade e faz aquilo que é socialmente esperado dele. É comum justificar a manutenção de um comportamento não saudável por ser normal, algo que "todo mundo faz", porém essa justificativa é falaciosa e acaba apenas perpetuando uma sociedade cheia de normose.

Exemplos de pensamentos na normose:
- Fantasia da separatividade: sentir-se separado e independente das outras pessoas e da natureza;
- Guerra justa: guerras são formas normais e necessárias para resolver conflitos entre nações;
- Sentimento de propriedade: acreditar que produtos naturais são posses humanas;
- Consumismo: consumir à vontade sem pensar nas consequências sociais e ambientais.

11. Apesar do ego, a ideia divina persiste, gerando empoderamento que desperta comportamentos no tipo 3

Analítico, perseverante, sensitivo, inteligente, objetivo, perceptivo, autocontido, dedicado, pensador criativo.

A ideia divina continua presente nas forças do tipo 3. É forte no tema competição, mede seu avanço em relação ao desempenho dos outros. Esforça-se para ser o primeiro lugar e deleita-se com a disputa. Sente-se mobilizado a atingir metas. Está sempre engajado em ações para realizar e conquistar objetivos e metas. Possui grande capacidade de concluir o que inicia. Persiste no curso de uma ação ou em um propósito, vai até o fim, independentemente dos obstáculos.

O tipo 4

ARTISTA, MELODRAMÁTICO, FUTURISTA, INSPIRADOR

O *self*	adormece na	personalidade
A ideia divina Origem	distorce em	fixação = melancolia
A paixão	manifesta-se como	inveja
A virtude divina Equanimidade	quando cultivada, gera as forças	a) criatividade/originalidade; b) apreciação da beleza; c) futurista

"A melancolia é a bem-aventurança de ser triste."
Victor Hugo

Conforme a tabela acima, vemos que:

A- A ideia divina para o tipo 4 é a Origem divina. A ideia divina é distorcida na fixação, que, nesse caso, é a melancolia.

B- A paixão no tipo 4 manifesta-se na forma de inveja.

C- A virtude – no caso do tipo 4, equanimidade – persiste nas forças pessoais.

1. O conceito da paixão: inveja

É um sentimento de que falta algo essencial na vida da pessoa, levando-a a pensar que os outros possuem qualidades que lhe faltam. No sentido comum, a inveja é um sentimento de tristeza diante do que o outro tem e a própria pessoa não. Esse sentimento gera o desejo de ter exatamente o que a outra pessoa possui (tanto coisas materiais como qualidades inerentes ao ser). No eneagrama, devemos considerar os dois conceitos possíveis "climas" para o tipo 4.

2. Um dia a criança 4 erra o alvo e acerta no vício

Um dia a criança do tipo 4 perde a confiança em si e nos outros. Distorce a beleza e começa a enxergar a feiura e a vulgaridade em tudo. Então, entra na inveja e em sua consequente melancolia e perde a coragem de entender em profundidade sua verdadeira origem. É invadida por um sentimento profundo de falta, um sentimento primário e ôntico de carência. Sente inveja, pois percebe nos outros contentamento e qualidades que não encontra em si. Projeta nas outras qualidades que os outros têm, e ela não.

Já em tenra infância, o tipo 4 tem a sensação de que algo foi irremediavelmente perdido. Sempre viveu com um sentimento de perda e de abandono. Aprendeu desde cedo que cultivar um sofrimento sutil o tornava diferente dos outros e mostrava seu verdadeiro valor. Muitas vezes, identificou-se com o sofrimento dos outros e do mundo. Os dramas da família e dos outros tornam-se conteúdo para o teatro de sua existência.

3. Criando a autoimagem de: sensível, diferente, consciente de si, bondoso, calado, profundo, sincero consigo mesmo, intuitivo e único.

O tipo 4, imaginando-se o artista divino, transforma-se no diferente, e o original tem de se manifestar a qualquer preço. O desencorajamento é uma característica do tipo 4. Tem convicção de que tudo está perdido para sempre. A beleza divina não consegue se manifestar no mundo, o 4 sente-se fora de foco e entende que jamais será bem-sucedido. Vive como estrangeiro em uma cidade desconhecida. Quando não consegue a mágica para se transformar no artista divino, torna-se um fracassado que tudo lastima. Torna-se o incompreendido, estimado em seu mundo egoísta e melancólico.

O tipo 4 é apegado à beleza, ao sexo, à morte, à intensidade das emoções, ao excesso e à melancolia. Criou a imagem de triste, de sensível e, muitas vezes, de vítima. Identifica-se com o trágico, tudo é trágico! A beleza leva à morte, a morte está na beleza. Criou uma exigência, um padrão estético que não lhe permite suportar o feio, o descorado, o baixo, o sujo. Evita a vulgaridade, a banalidade, a trivialidade, o comum; é atraído pelo inacessível, o luxo e a beleza. Tem padrões muito elevados de beleza e exigência, o que o mantém sempre insatisfeito, sempre faltando alguma coisa, nunca se dando por satisfeito. Melancólico, triste, sensível, esse é o retrato que o mantém no palco da vida. Depressivo, desencoraja-se rapidamente com o sucesso que poderia ter. Focado na falta, sente que tudo está perdido, por isso não adianta se esforçar. Tem um medo terrível de ser abandonado e prefere não se ligar a ninguém. Sente que a mãe já o abandonou e jamais ficará apaixonado por medo de ser abandonado ou se decepcionar. Tem senso apurado de que é diferente, sente-se especial, sempre incompreendido. Aprendeu a evitar os grupos e só se sente bem em um relacionamento tête-à-tête. Dá muito valor ao sofrimento, é teatral, veste preto ou roxo. Pessoa de excesso, é sempre atraída pelos extremos, buscando experiências no limite. Passa da depressão à excitação e à hiperatividade. A ciclotimia é um estado de espírito que está sempre presente no tipo 4.

4. As crenças disfuncionais no tipo 4

Para reencontrar aquele amor que foi perdido, aquele abandono que vem do fundo da alma, o tipo 4 entendeu que devia ser único, original, incomparável. Entendeu que era único como Deus, não parecia com ninguém deste mundo, não era como os outros. Sente-se incompreendido. Não sabe seu lugar, não consegue se enquadrar em nenhum lugar. Não suporta por muito tempo um emprego ou o convívio em grupo.

O que você pensa de mim?

ACORDE! Um Eu dorme em Você

Não mereço ser amado.
Não sou amado.
Não sei amar.
Sou diferente.
Fui abandonado.

5. Mecanismo de defesa do tipo 4: a sublimação artística.

O tipo 4 vai transformar o feio, o ridículo, o pequeno em algo grandioso e belo. O sentimento de abandono, o inaceitável, é transmutado em beleza. A sexualidade, pecado imperdoável, torna-se o erotismo em sua arte. A violência é vista como um mal que precisa ser combatido com a arte de negociar. Quando não se pode negociar, o extremo estará presente, transforma-se de negociador (ou advogado) a perseguidor implacável. Se há um amor impossível, ele o transforma em amor imaginário ou de sonho: literário, imaginário, de romance, poético, de correspondência amorosa intensa.

6. O que o 4 necessita aprender
- Reagir à melancolia cultivando a alegria.
- Ser mais objetivo e direto.
- Não procrastinar.
- Não fantasiar, sendo mais realista.

7. Os subtipos 4

O eneagrama da personalidade divide o tipo 3 em três subtipos.

Subtipo 4 autopreservação(atitude básica: recusa)

Vive uma autoimagem idealizada, sente-se incompreendido e pode se tornar resistente às mudanças.

Subtipo 4 sexual (atitude básica: competição)

Tem a tendência de se comparar com o outro. Competição velada e rivalidade dissimulada são a estratégia.

Subtipo 4 social (atitude básica: vergonha)

Julga-se incompreendido. Teme ser reprovado em seus pensamentos e seus sentimentos.

Está sempre se comparando com o grupo, e a vergonha de ser quem é predomina, o que o torna o subtipo mais melancólico.

8. O complexo de Jonas no tipo 4: medo de saber quem realmente é.

Leloup novamente enfatiza que, para tornar-se um ser autêntico, Jonas deve ir a Nínive dizer aquilo que sabe e as exigências de justiça que animam seu desejo. "Não ir a Nínive é uma possibilidade de sua liberdade, mas assim ele não se torna Jonas." Ele renuncia à sua íntima palavra e ao seu desejo mais secreto ("que todos sejam salvos"). Ele esquece a força, a inteligência e a bondade para as quais foi criado "capaz".

Jonas 4 não se sente capaz, não sabe que sabe.

Em ciência, quanto mais impessoal é o conhecimento, mais seguro ele se torna. Porém, quanto mais pessoal, mais subjetivo ele é, na percepção de nosso mundo, mundo interior, mais inseguros nos tornamos, assaltados pela dúvida. Do mesmo modo, Maslow salienta que o medo de saber é também o medo de fazer, o medo das consequências decorrentes do saber. Os alemães certamente preferiam não saber o que se passava em seus campos de concentração, eles preferiam ser cegos e pretensamente estúpidos, pois, caso eles se permitissem saber, teriam de fazer alguma coisa ou se sentir culpados por covardia.

De todos os conhecimentos, o que mais tememos é o autoconhecimento: um eu preocupado com o que acontece aos outros, um eu "responsável por todos".

> "O complexo de Jonas, portanto, estaria além do medo de conhecer a si próprio; seria um medo da 'autenticidade' no sentido heideggeriano do termo, ligado à preocupação com o outro e com o mundo. Sabe-se, por Heidegger, que 'Dasein' é quase sinônimo de 'do homem',

à medida que a palavra designa o ser que descobre 'que ele está aí: no mundo, num lugar, numa situação onde ele é jogado'. Mas esse homem (esse 'Dasein', esse ser no mundo), enquanto 'existente', enquanto liberdade precisa ser seu ser verdadeiro, esta é a sua missão. Faltar a isso é levar uma vida inautêntica. No livro de Jonas, é a consciência criadora que se dirige à psique condicionada de Jonas e lembra-o de sua solidariedade, não só por aqueles do seu clã, mas também pelos 'estrangeiros', pelos 'pagãos' e 'pervertidos'; uma vez que eles estão próximos, tornam Jonas 'responsável', pois os conhecendo, ele não fez nada para que isso mudasse."

(Jean-Yves Leloup)

9. O tipo 4 nas organizações
É voltado para criar um ambiente organizacional de harmonia. Está centrado nas pessoas, acolhendo sentimentos e emoções dos outros. É aberto a inovações e possui senso de estética muito aguçado, é um visionário com grande senso de melhoria do ambiente e do negócio da empresa. Quando maduro, adquire uma sadia autoaceitação e uma capacidade de examinar criticamente a realidade. Quando líder maduro, sabe trabalhar muito bem com críticas e ambientes de grande turbulência. É participativo e altamente capaz de realizar trabalhos em equipe. Possui grande senso de lealdade. Em ambiente de pressão, tende a pôr fim às vinculações.

10. Exacerbando na intensidade dos padrões de pensamentos e sentimentos, o tipo 4 adoece
No DSM IV, podemos ver a desintegração no tipo 4 tornando-se uma personalidade melancólica.

Excesso de melancolia e abandono manifesta-se nos transtornos de ajustamento.

Critérios de diagnósticos

Desenvolvimento de sintomas emocionais ou comportamentais em resposta a um estressor (ou múltiplos estressores), ocorrendo dentro de dois meses após o início do estressor (ou estressores).

Esses sintomas ou comportamentos são clinicamente significativos, como evidenciado por qualquer um dos seguintes quesitos:
1. Sofrimento acentuado que excede o que seria esperado da exposição ao estressor;
2. Prejuízo significativo no funcionamento social ou profissional.

A perturbação relacionada ao estresse não satisfaz os critérios para o outro transtorno específico do eixo I nem é necessariamente uma exacerbação de um transtorno preexistente.

Os sintomas não representam luto.

Cessado o estressor (ou suas consequências), os sintomas não persistem por mais de seis meses.

Especificam-se:
- Agudo: se a perturbação durar menos de seis meses;
- Crônico: se a perturbação durar seis meses ou mais.

Os transtornos de ajustamento são codificados com base no subtipo, que é selecionado de acordo com os sintomas predominantes:
- ansiedade;
- humor depressivo;
- misto de ansiedade e depressão;
- perturbação da conduta;
- perturbação mista das emoções e conduta inespecificada.

O que o tipo 4 necessita aprender:
- Ver brilhar sua inteligência, abrindo-se para o outro;
- Encher-se de vida, ser mais sensível;
- Equiparar sua inteligência à sua capacidade de amar.

No seu melhor: analítico, perseverante, sensitivo, inteligente, objetivo, perceptivo, autocontido, dedicado, pensador criativo.

Desafios:
- Descobrir que não há uma única beleza; a bondade, o amor e a caridade podem existir mesmo naquilo que não se apresenta de forma muito bonita;

- Ser mais modesto, abaixar-se novamente ao nível humano e aceitar as imperfeições, é o desafio para viver em paz e tranquilidade;
- Abrir-se aos outros, respeitá-los em vez de permanecer em seu egoísmo monstruoso, que canta sua própria dor.

11. Apesar do ego, a ideia divina persiste, gerando empoderamento que desperta comportamentos no tipo 4

A virtude da equanimidade – constância, igualdade de temperamento, de ânimo –, em qualquer circunstância, estará sempre presente no tipo 4.

O tipo 4 é forte no tema futurista, é inspirado pelo futuro e pelo que poderia ser. Inspira muitas pessoas com sua visão de futuro. Gosta de pensar novas e produtivas formas de conceituar as coisas. Gosta de ser original e de inventar. Usando essa força, sente-se maravilhado e encantado. Aprecia as belezas da vida e é talentoso em vários domínios da vida, seja na natureza, nas artes ou no relacionamento com pessoas.

Quando consciente de sua tipologia e no processo de crescimento e desenvolvimento, o tipo 4 empodera-se do que há de melhor em si.

O tipo 5

OBSERVADOR, PENSADOR, INVESTIGADOR, ERMITÃO

O *self*	adormece na	personalidade
A- A ideia divina Onisciência	distorce em	fixação = isolamento
B- A paixão	manifesta-se como	avareza
C- A virtude divina desapego	quando cultivada, gera as forças	a) descobridor/interessado; b) mente aberta/imparcialidade; c) apreciação ao aprendizado

Conforme a tabela anterior, vemos que:

A- A ideia divina no tipo 5 é a Onisciência divina. A ideia divina é distorcida na fixação, que, nesse caso, é o isolamento.

B- A paixão no tipo 5 manifesta-se na forma de avareza. A fixação é um clima emocional de escassez, em que o mundo não é de abundância e de muitas possibilidades. Reduz o mundo a poucas possibilidades, sobretudo os relacionamentos e os afetos.

C- A virtude divina – no caso do tipo 5 – persiste em permanecer nas forças.

1. O conceito da paixão: avareza

No senso comum, avareza é um substantivo feminino que significa apego demasiado sórdido ao dinheiro. É o desejo ardente de acumular riqueza. Avareza é a falta de generosidade, é a mesquinhez.

No eneagrama, é um estado de carência, uma necessidade interna, criando uma crença de que relacionamentos profundos trazem perda de energia, cansaço e sentimento de vazio, o que pode ser deprimente. Esse sentimento leva o tipo 5 a afastar-se do social e de todos, simplificando sua vida e suas necessidades pessoais ao mínimo.

O tipo 5 um dia se maravilhou com o conhecimento que os livros, os pais e os professores possuíam. Percebeu quanto o conhecimento lhe é útil, quanto a ciência é indispensável, então teve fome de saber. Tornou-se um ávido consumidor de conhecimento e avarento. Sofre por não possuir todo o conhecimento, esquecendo que o conhecimento não é colecionável. Aprendeu a conhecer e reter, esquecendo-se de partilhar, e tornou-se *expert* em acumular. Cria seu jardim e cultiva-o em segredo. Aprendeu que o saber lhe traz muito, transformando-se em um caçador de tesouros do conhecimento. O caçador apega-se à caça e esquece-se de compartilhar sobretudo a generosidade.

O tipo 5, no processo de acumular muito conhecimento, corre o risco de tornar-se um intelectual puro, erudito e estéril. Aprendeu a refugiar-se em sua biblioteca, em seu computador. Seu castelo de marfim foi construído, e ele está protegido de tudo e de todos. Não lhe importam mais os outros; ser ignorado é a melhor forma de não perder um só dia em busca do conhecimento. Vive protegido, enclausurado, secreto, compartimentado.

Seu castelo tem vários departamentos, setores de sua vida não devem jamais se comunicar entre si. A vida afetiva não se comunica com a vida intelectual, e assim por diante.

2. Um dia a criança 5 erra o alvo e acerta no vício

O tipo 5 sempre se sentiu invadido pela curiosidade de uma família invasiva, que queria controlá-lo. O sentimento primário é o de proteção, tornando-o retraído, enclausurado, coagido. O angariar conhecimentos lhe dá a sensação de não precisar mendigar o amor dos outros. Não quer relembrar a falta de amor que imagina sentir desde o ventre de sua mãe. Aprendeu a não precisar dos outros para não ser abandonado.

Cortou contato com as emoções para não sentir o abandono, a carência. Pensando e conhecendo, evita sua ferida mais profunda: o sentimento de não ser amado. O saber permite a ele ter tudo e manter-se à distância de sua carência e seu sentimento de abandono.

3. Criando a autoimagem de: perceptivo, independente, alerta, esperto, perspicaz, objetivo, curioso, especial.

O tipo 5 tornou-se uma biblioteca de sabedoria; inteligência poderosa, sabe raciocinar, refletir, ser lógico e coerente. Pensador original e criativo, detesta competição e tem espírito crítico. Torna-se um especialista em enxergar os defeitos, encontra defeitos em qualquer jogo de erros. Torna-se dependente de informação, lê jornal, assina revistas especializadas. Adora a solidão, detesta os outros, não trabalha em equipe, pouco à vontade em sociedade, rápido. Seus melhores amigos são os livros, por isso se tranca em sua biblioteca, que é sua torre de marfim. Distante emocionalmente, não tem lugar para o afetivo, foge das emoções fortes e das relações íntimas. Pode se emocionar, mas sozinho.

4. As crenças disfuncionais no tipo 5
Eu sei!
A saúde é a ciência.
Saber é ser salvo.
Estou no topo da onda, nada ignoro.
Tenho necessidade de saber tudo.
Só conto comigo.

5. Mecanismo de defesa do tipo 5: o isolamento.

O lado afetivo e o lado intelectual estão separados. O tipo 5 aprendeu a ter excelentes pensamentos sobre o amor, mas não aprendeu a amar. Observa tudo à distância, sem tocar, sem ser tocado. Aprendeu a não tocar para não ser contaminado. Tudo está separado, compartimentado. Mantém sua personalidade na gaveta, a mão direita ignora o que faz a esquerda. Fica furioso se alguém invade seu espaço.

O tipo 5 tem tendência de se isolar, viver em seu farol; despreza tudo; da altura de sua inteligência, desdenha os assuntos humanos familiares e cotidianos.

6. O que necessita aprender
- Ver brilhar sua inteligência, abrindo-se para o outro.
- Encher-se de vida, ser mais sensível.
- Equiparar sua inteligência a sua capacidade de amor.

7. Os subtipos 5
O eneagrama da personalidade divide o tipo em três subtipos.
Subtipo 5 autopreservação (atitude básica: refúgio)
Seu desejo é viver isolado, cansando-se da convivência com os outros.
É o mais fechado dos subtipos. Seu refúgio é o isolamento.
Subtipo 5 sexual (atitude básica: confidente)
Tende a buscar mais contatos desde que sinta que isso não o ameaça. Preferencialmente os contatos são intermediados por um objeto: cartas, celular, *e-mails*.

Subtipo 5 social (atitude básica: totens)

Quer pertencer a um grupo de iniciados. Quer ser reconhecido pelo guru.

Busca se proteger em clubes fechados e no simbolismo. Tendência a se envolver mentalmente com temas complexos que exigem se aprofundar em conhecimentos e análises. Aprofundamento em tudo é sua tendência cognitiva.

8. O complexo de Jonas no tipo 5: medo de amar.

O tipo 5 tem medo de amar, de ser incapaz de amar. Podemos amar sem morrer? O medo da morte e o medo de viver estão unidos. Sem dúvida, na raiz de todos os complexos de Jonas, há ainda um medo mais profundo que o "medo da morte", que sempre temos dificuldade de nomear de tão simples, concreto e evidente: o "medo de amar".

Tem a escolha entre uma vida enclausurada e uma vida dada; a única escolha que não podem lhe tirar é aquilo que dá. Mas apenas aqueles que não têm mais medo de morrer e de amar podem saber a plenitude que o tipo 5 busca.

Não podemos mais perder aquilo que demos. Jonas sabia disso como todo tipo 5. Ele não queria sabê-lo, como nós também não queremos. Medo de saber! Logo, vamos morrer, então vivamos, amemos antes de morrer. Jonas desejava isso, assim como não podemos nos impedir de desejar. Mas o tipo 5 não quer desejar.

Mensagens inconscientes da infância:
- "Estar aberto para o mundo não é bom."
- "Não devo esperar nada de ninguém!"
- "Não quero afeto de ninguém!"

9. O tipo 5 nas organizações

Pensa muito antes de agir, é descobridor, pesquisador e inventor de melhorias. Bom ouvinte. Compulsivo em colecionar coisas, o que gera grande capacidade de catalogar, organizar e discernir. Está vinculado a processos de melhoria no trabalho e discretamente faz as coisas acontecerem. Quando líder maduro, tem grande capacidade de pôr os conhecimentos em prática, para isso confiam muito na experiência. Como exemplo do que podem criar, citamos como tipo 5 Bill Gates.

10. Exacerbando na intensidade dos padrões de pensamentos e sentimentos, o tipo 1 adoece

Transtorno da personalidade obsessivo-compulsiva.

Critérios de diagnósticos (DSM IV)

O excesso de dever, o excesso de responsabilidade, o excesso de perfeição, os excessos de obrigação em vencer podem gerar no tipo 5 transtorno de personalidade obsessivo-compulsivo.

Um padrão invasivo de preocupação com organização, perfeccionismo e centro mental e interpessoal, à custa de flexibilidade, abertura e eficiência que começam no início da idade adulta e estão presentes em uma variedade de contextos indicados por pelo menos quatro dos seguintes critérios:

1. Preocupação tão extensa com detalhes, regras, listas, ordem, organização ou honorários que o ponto principal da atividade é perdido.
2. Perfeccionismo que interfere na conclusão de tarefas (por exemplo, é incapaz de completar um projeto porque não consegue atingir seus próprios padrões demasiadamente rígidos).
3. Devotamento excessivo ao trabalho e à produtividade, em detrimento de atividades de lazer e amizades (não explicado por uma óbvia necessidade econômica).
4. Excessiva conscienciosidade, escrúpulos e inflexibilidade em assuntos de moralidade ética ou valores (não explicados por identificação cultural ou religiosa).
5. Incapacidade de desfazer-se de objetos usados ou inúteis, mesmo quando não têm valor sentimental.

6. Relutância em delegar tarefas ou resistência ao trabalho em conjunto, a menos que seus pares se submetam a seu modo exato de fazer coisas.
7. Adoção de um estilo miserável quanto a gastos pessoais e com outras pessoas; o dinheiro é visto como algo que deve ser reservado para catástrofes futuras.
8. Rigidez e teimosia.

11. Apesar do ego, a ideia divina persiste, gerando empoderamento que desperta comportamentos no tipo 5

O tipo 5 tem grande abertura para novas experiências, demonstrando curiosidade e interesse em novas experiências e descobertas, desde interesses específicos, como rosas ou orquídeas, até interesses globais com culturas de diferentes países.

Tem facilidade para pensar nas coisas, examinando-as de diferentes ângulos, pois está sempre aberto a todas as evidências e pontos de vista. Tem facilidade para mudar o próprio ponto de vista, o que é fundamental em ciências.

No seu melhor, é analítico, perseverante, sensitivo, inteligente, objetivo, perceptivo, autocontido, dedicado, pensador e criativo.

O tipo 6

> O Amor quer ver seu segredo revelado,
> Pois, se o espelho não reflete, de que servirá?
> Sabes por que teu espelho não reflete?
> Porque a ferrugem não foi retirada de sua face.
> Fosse ele purificado de toda ferrugem e mácula,
> Refletiria o brilho do Sol de Deus.
> Rumi

QUESTIONADOR, LEAL, CÉTICO, ADVOGADO DO DIABO

| O self | personalidade | personalidade |

A- A ideia divina Fé	distorce em	fixação = dúvida
B- A ideia divina Fé	manifesta-se como	medo
C- A virtude divina Coragem	quando cultivada, gera as forças	a) cidadania/lealdade; b) coragem; c) prudência

Conforme a tabela acima, vemos que:

A- A ideia divina no tipo 6 é a Coragem divina. A ideia divina é distorcida na fixação, que, nesse caso é a dúvida.

B- A paixão do tipo 6 manifesta-se na forma de medo.

C- A virtude divina – no caso do tipo 6, a coragem – persiste nas forças.

1. O conceito da paixão: medo

É um estado de ansiedade em que a pessoa vive em constante apreensão e preocupação, levando-a a temer os acontecimentos futuros.

Um dia a criança herói se cansa, começa a ter medo e perde a confiança em si mesmo. Começa a duvidar de que é realmente um herói, e a falta de coragem o precipita no medo, perde a confiança em si.

Um sentimento de que é perseguido ou um sentimento de ser perseguidor instala-se em seu coração. Cria em seu mundo imaginário a fantasia de que está sendo perseguido, procurado, ameaçado, e arma-se para a guerra.

2. Um dia a criança 6 erra o alvo e acerta no vício

O tipo 6 aprende a não confiar em ninguém, nem pai, nem mãe, nem autoridade alguma; sente que sempre foi traído. Provavelmente o sentimento é de que, quando criança, foi sempre punido e humilhado, sentia que os comportamentos dos pais sempre eram imprevisíveis. Com pais que percebe como ameaçadores, torna-se impossível se defender, e a impotência toma conta da criança. A criança tipo 6 sente que não tem proteção em parte alguma e aprende a prever o comportamento dos adultos para se proteger.

3. Criando a autoimagem de: fidedigno, formal, de confiança, agradável, cuidadoso, previsor.

Sendo o mundo tão ameaçador, resolve se aliar aos outros, e a lealdade e a fidelidade tornam-se seu *modus operandi*. Os outros precisam ganhar sua confiança, mas, uma vez conquistado, sempre permanecerá fiel. Se preciso, pronto a sacrificar-se às necessidades dos outros. Sério, respeita as tradições, sente-se seguro em uma estrutura organizacional ou de grupo. O tipo 6 aprendeu a valorizar mais o pensamento que o fazer, o realizar.

4. As crenças disfuncionais no tipo 6
O mundo é perigoso.
É preciso estar sempre alerta.
Atenção!
Deve-se estar pronto para tudo.
Nada é o que parece.
Deve-se desconfiar sempre.
A vida é perigosa.
Estar muito perto é perigoso.
Tudo pode acontecer.
O pior vai acontecer.

5. Mecanismo de defesa do tipo 6: a projeção.

Sua primeira necessidade é se sentir em segurança. O tipo 6 vai projetar nos outros o que não reconhece em si mesmo. Atribui aos demais os desejos inconfessáveis, seus sentimentos inaceitáveis, suas intenções inadmissíveis, tornando-o mau, malicioso, crítico e agressivo. Pode também projetar o bem, tornando-se o protetor, o redentor.

6. O que o tipo 6 necessita aprender

O tipo 6 fóbico:
- Levar seu projeto até o fim sem se sentir traído.
- Parar de projetar-se no outro, de culpar os outros e de se culpar.
- Aprender a apreciar a si e aos outros.
- Ser mais ativo e confiar mais.
- Vencer o medo e sentir segurança.
- Não temer desafios, ameaças, dificuldades ou dor.
- Agir com convicção mesmo que seja incomum ou impopular.
- Ser cuidadoso nas escolhas que faz.

O tipo 6 contrafóbico:
- Não assumir riscos desnecessários.
- Não fazer coisas de que possa se arrepender.

7. Os subtipos 6

O eneagrama da personalidade divide o tipo em três categorias.

Subtipo 6 autopreservação (atitude básica: sobrevivência)

Irradia calor e simpatia. Sente profunda desconfiança. Busca segurança no grupo ou na família. Assemelha-se ao tipo 2, sendo prestativo.

Subtipo 6 sexual contrafóbico

Não se identifica com o medo. O que o caracteriza é o ataque. De modo geral, identifica-se com o tipo 8, confrontando-o.

Subtipo 6 sexual fóbico

Procura despertar admiração, geralmente apenas pelo prazer de seduzir. Utiliza a sexualidade para desarmar os outros e ganhar o apoio, à maneira do tipo 4. Esconde a insegurança recorrendo à autoafirmação ostensiva, ao flerte e à sedução.

Subtipo 6 social (atitude básica: dever)

Cumpre seu dever e é fiel ao grupo. É conservador.

8. O complexo de Jonas no tipo 6: medo do ostracismo.

O medo de Jonas no tipo 6 é não ser capaz de sobreviver sozinho, o medo do ostracismo.

Rollo May observa: "Muitos fatores provam que a maior ameaça, a causa mais profunda da angústia do homem ocidental contemporâneo nessa metade de século XX é o ostracismo, isto é, o medo terrível de ser rejeitado pelo grupo". O tipo 6 submete-se a uma castração voluntária, ou seja, renuncia à sua capacidade, à sua originalidade, por medo do exílio.

9. O tipo 6 nas organizações

Sabe trabalhar em grupo, é confiável, amigo e capaz de sentimentos ternos e profundos. É trabalhador e tem autoconfiança, mas está sempre farejando perigo. Sente-se perseguido. É dependente dos superiores e profundo seguidor das normas e das autoridades. Quando maduro, aprende a confiar adequadamente nas pessoas. É calmo e sereno.

10. Exacerbando na intensidade dos padrões de pensamentos e sentimentos, o tipo 6 adoece

No DSM IV, podemos ver a desintegração no tipo 6 tornando-se uma personalidade paranoide.

Critérios de diagnóstico:

A. Um padrão de desconfiança e suspeitas invasivas em relação aos outros, de modo que seus motivos são interpretados como malévolos, o que começa no início da idade adulta e se apresenta em uma variedade de contextos, como indicado por pelo menos quatro dos seguintes critérios:

1. Suspeita, sem fundamento suficiente, estar sendo explorado, maltratado ou enganado pelos outros;

2. Preocupa-se com dúvidas infundadas acerca da lealdade ou da confiabilidade de amigos e colegas;

3. Reluta em confiar nos outros por medo infundado de que essas informações possam ser maldosamente usadas contra si;

4. Interpreta significados ocultos, de caráter humilhante ou ameaçador, em observações ou acontecimentos benignos;

5. Guarda rancores persistentes, ou seja, é implacável com insultos, injúrias ou deslizes;

6. Percebe ataques a seu caráter ou reputação que não são visíveis aos outros e reage rapidamente, com raiva ou contra-ataque;

7. Tem suspeitas recorrentes, sem justificativa, quanto à fidelidade do cônjuge ou parceiro sexual.

8. Não ocorre exclusivamente durante o curso de esquizofrenia, transtorno do humor, com aspectos psicóticos ou outro transtorno psicótico, nem é decorrente dos efeitos fisiológicos diretos de uma condição médica geral.

11. Apesar do ego, a ideia divina persiste, gerando empoderamento que desperta comportamentos no tipo 6

Conectado, atencioso, caloroso, compassivo, brilhante, prático, prestativo, responsável, produtivo, imaginativo e protetor.

Subtipo autoafirmação

O tipo 7

O incentivador, O Generalista, A Criança Prodígio, O hedonista

O *self*	adormece na	personalidade
A- planejamento	distorce em	fixação =
		planejamento
B- A paixão	manifesta-se como	gula

ACORDE! Um Eu dorme em Você

| C- A virtude divina Sobriedade | quando cultivada, gera as forças | a) entusiasmo/ vitalidade; b) otimismo e esperança; c) humor |

Conforme a tabela acima, vemos que:

A- A ideia divina no ponto 7 é o Plano divino. A ideia divina é distorcida na fixação, que, nesse caso, é o planejamento (planejar é estar sempre no futuro, perdendo a dimensão do presente).

B- A paixão do tipo 7 manifesta-se na forma de gula.

C- A virtude divina – no caso do tipo 7, a sobriedade – sobrevive na personalidade como curiosidade.

1. O conceito da paixão: gula

Para o senso comum, gula é o vício de comer e beber em excesso: glutonaria. Atração irresistível por doces e iguarias finas; gulodice, gulosaria. O eneagrama atribui uma definição mais psicológica: é um sentimento de que nada é suficiente. O tipo 7 está alienado de suas experiências, daí a quantidade de experiências que ele precisa "comer" para se manter animado. Ausência de consciência plena faz com que a atenção esteja comprometida pelos desejos desorientados nas atividades positivas e estimulantes. Os desejos desorientados causam uma sensação de vazio interior que o 7 preenche com múltiplas atividades.

Um dia, a inocência da criança 7 vai embora, e ela passa a comer o mundo. Torna-se um *gourmand* insaciável, com sentimento de que não tem o suficiente. Um desejo insaciável o faz buscar constantemente o prazer, o mundo torna-se um jardim de diversão, um grande circo um lugar para se divertir.

Assim, o tipo 7 transforma-se em "brincante sem escrúpulo". Transforma tudo em diversão. Pode, com facilidade, não respeitar nada, nem as leis, nem os costumes, nem as necessidades dos outros. Só pensa em se divertir, sendo-lhe muito difícil levar as coisas a sério; o mundo é uma eterna brincadeira.

2. Um dia a criança 7 erra o alvo e acerta no vício

A infância parece ter sido perfeita, como um bom livro de desenho animado. Tudo é ingênuo e natural. O tipo 7 vive como se o crescer e o envelhecer não fizessem parte de suas preocupações. Podemos encontrar também pessoas desse tipo que tiveram uma infância muito difícil, e sua reação adulta de brincar e se divertir é uma fuga desesperada de não se lembrar dos sofrimentos infantis. A fuga quando há sofrimento é a característica mais marcante do tipo 7 do ponto de vista da negação.

3. Criando a autoimagem de: entusiasta, livre, espontâneo, alegre, extrovertido, enérgico, positivo e impetuoso.

A autoimagem de ser e viver eternamente como uma criança. Facilidade em começar algo e muita dificuldade em terminá-la. Jamais se compromete com o que pode lhe tirar o prazer e a criança espontânea e natural.

Quer estar sempre no centro das atenções, voltado aos desejos pessoais. Preocupadíssimo com a autoimagem, é narcisista. Aborrecimentos e comprometimentos são rapidamente negados, e o tipo 7 vai para outras atividades. Por mais que esteja sempre com muita gente, é sozinho. Relações íntimas exigem muito dele, que não tem como se comprometer, aprofundar-se em experiências. A consciência do corpo, isto é, dos sentidos, está calibrada para ser vivida em sua superficialidade e de modo muito rápido. Não pode ampliar sua consciência corporal e emocional, elas são vividas de forma horizontal, sendo os sentidos muitos estimulados, mas apenas superficialmente. Torna-se dependente de muitos estímulos sensoriais e emocionais passageiros; é muito rápido, engraçado, excessivo, não conformista e está sempre em movimento. Adora as noitadas, as saídas, os prazeres, os amigos, as relações, as novidades, a surpresa. Sua característica principal é a extroversão. Falante, intrometido, sem limites.

ACORDE! Um Eu dorme em Você

4. As crenças disfuncionais no tipo 7
Eu tenho vontade.
Eu almejo.
Eu desejo.
Eu quero!
Preciso de...
Eu tenho o direito, tenho todos os direitos.
A vida é uma festa.
Vê, não havia com que se preocupar, meu amigo!

5. Mecanismo de defesa do tipo 7: a racionalização.

Crê que tudo pode ser explicado, nada tem mistério. Tudo é lógico e compreendido com o pensamento racional. Não há angústia, pois há sempre uma explicação para tudo.

Portanto, há um pensamento racional, que é de fato racionalizante, confundindo o inadmissível com o plausível. Tudo é coerente e aceitável, o que lhe permite esconder a angústia e o medo dentro de um pensamento lógico.

6. O que necessita aprender
- Tomar consciência do excesso.
- Crescer, amadurecer, envelhecer, parar de bancar o bebê. Também ser quando necessário.
- Aprender a trabalhar, a sacrificar-se; a dedicação, o sacrifício, o altruísmo.
- Deixar de representar a criança brincalhona, tornando-se ativo, aprendendo a aceitar o desconfortável e o sofrível com a consciência desperta.
- Desenvolver o senso de escolha, saber escolher as experiências, e não simplesmente viver todas as experiências que lhe apresentam.
- Aceitar o lado difícil da vida, pondo atenção nas dificuldades, lidando com elas.
- Explicar-se quando os outros não entendem seu ponto de vista, seu excesso.

Como toda regra tem exceção, encontramos também o tipo 7 que possui um déficit dessas características. Nesse caso, o processo de autoconhecimento inverte-se, e o 7 terá de aprender as características que lhe são natas: brincar e levar tudo menos a sério!

7. Os subtipos 7

O eneagrama da personalidade divide o tipo em três subtipos.

Subtipo 7 autopreservação(atitude básica: proteção)

Cerca-se de pessoas com os mesmos pensamentos. Defensor ardoroso das associações.

Subtipo 7 sexual (atitude básica: fascinação)

É desprovido de cautela e preservação, permite-se deslumbrar por tudo. Tipo sedutor e com grande capacidade de argumentação e senso de humor em cada investida.

Subtipo 7 social (atitude básica: disposição ao sacrifício)

Dá a vida por uma boa causa. Grandes sacrifícios pessoais em prol de seu grupo.

8. O complexo de Jonas no tipo 7: medo de sofrer dores e privações.

"Então o Senhor Deus fez crescer uma planta sobre Jonas, para dar sombra à sua cabeça e livrá-lo do calor, e Jonas ficou muito alegre."

O medo do Jonas tipo 7 fugindo do sofrimento está ligado ao medo do *self*; não apenas ao medo das privações de ser autêntico, responsável, mas do de permitir ser o *self* ou o outro em si, o medo de deixar Deus ser Deus nele. "Não se pode ver Deus, sem antes morrer". Isso o Jonas tipo 7 sabe, e ele fará tudo para defender seu ego, suas paixões, suas fixações e seus prazeres.

Essas reações são totalmente normais para o homem animal que defende sua pele, sua identidade, seu território e seu prazer, mas não o são para o homem que tem intimidade e consciência da morte. O sentido de nossa vida é poder responder a essas duas questões: "Quem sou eu? O que eu posso fazer por você?". Duas questões que são apenas uma, pois é fazendo alguma coisa pelo outro que descubro quem sou; não apenas o "ser para a morte", mas o "ser para o outro"; capaz não apenas de vida mortal, mas também de vida doada. É também descobrindo quem eu sou que, se quiser, me descubro capaz de viver não apenas uma vida submissa às necessidades da personalidade, mas uma vida escolhida. Leloup afirma que Heidegger, seminarista e, portanto, estudioso, perdeu seu latim ao escrever que o ser humano é um "ser para a morte"; ele deveria ter escrito que o humano é um "ser para o amor...". Na verdade, ambas são verdadeiras, e era isso que Jonas tentava evitar. Sem morrer, não se pode amar!

9. O tipo 7 nas organizações

Tem papel fundamental no planejamento e na visão de futuro das organizações. Ajuda também a criar ambientes mais descontraídos. Na área comercial pode ser muito produtivo, pois possui grande facilidade de relacionamentos humanos leves e harmoniosos.

10. Exacerbando na intensidade dos padrões de pensamentos e sentimentos, o tipo 7 adoece

Transtorno de personalidade narcisista

Critérios de diagnósticos (DSM IV)

Padrão invasivo de grandiosidade (em fantasia ou comportamento), necessidade de admiração e falta de empatia, que começa no início da idade adulta e está presente em uma variedade de contextos, indicado por pelo menos cinco dos seguintes critérios:

1. Sentimento grandioso da própria importância (por exemplo, exagera relações e talentos, espera ser reconhecido como superior em realizações comensuráveis).

2. Preocupação com fantasias de ilimitado sucesso, poder, inteligência, beleza ou amor ideal.

3. Crença de ser especial e único e de que somente pode ser compreendido ou deve se associar a outras pessoas (ou instituições) especiais ou de condição elevada.

4. Exigência de admiração excessiva.

5. Sentimento de intitulação, ou seja, possui expectativas irracionais de receber um tratamento especialmente favorável ou obediência automática às suas expectativas.

6. É explorador em relacionamentos interpessoais, isto é, tira vantagem de outros para atingir seus próprios objetivos.

7. Ausência de empatia: reluta em reconhecer ou identificar-se com os sentimentos e as necessidades alheias.

8. Frequentemente sente inveja de outras pessoas ou acredita ser alvo da inveja alheia.

9. Comportamentos e atitudes arrogantes e insolentes.

11. Apesar do ego, a ideia divina persiste, gerando empoderamento que desperta comportamentos no tipo 7

Espontâneo, imaginativo, produtivo, entusiasta, veloz, confiante, charmoso, curioso, perceptivo, generoso, criativo, atencioso.

O tipo 8
PROTETOR, INCONFORMISTA, DESAFIADOR

O self	adormece na	personalidade
A- A ideia divina Verdade	distorce em	fixação = vingança
B- A paixão	manifesta-se como	luxúria
C- A virtude divina Inocência	quando cultivada, gera as forças	a) justiça/igualdade; b) includente; c) realização/Ação

ACORDE! Um Eu dorme em Você

Conforme a tabela acima, vemos que:

A- A ideia divina no ponto 8 é a Verdade divina. A ideia divina é distorcida na fixação, que, nesse caso, é a vingança.

B- A paixão do tipo 8 manifesta-se na forma de luxúria.

C- A virtude divina – no caso do tipo 8, a inocência – persiste nas forças.

1. O conceito da paixão: luxúria

Luxúria é excesso, gerando uma sensação constante e veemente de domínio e expansão. É tentar se impor com voluntariedade.

O tipo 8 aprendeu que tem de ser duro, e seu compromisso é fazer as coisas acontecerem dentro de compromissos e leis. Possui a tendência de exagerar e exigir dos estranhos o comprometimento total com as suas verdades e as de seu grupo. É tolerante com os erros de amigos, familiares, com sua tribo. Infelizmente, acaba por exagerar e entra nos comprometimentos, permite a sua família aquilo que proíbe aos outros.

Possui facilidade para se tornar um tirano: déspota, autocrata, cabem-lhe bem os apelidos de "o chefinho", tirano, o reivindicador autoritário, o controlador minucioso.

2. Um dia a criança 8 erra o alvo e acerta o vício

A criança no tipo 8 foi vítima ou testemunha de injustiças profundas. Possui um sentimento de que pais e adultos mais fortes e poderosos o controlavam e dominavam. Teve uma infância combativa de luta, levada por um sentimento de desigualdade, e com isso aprendeu a se rebelar e fazer justiça.

3. Criando a autoimagem de: forte, imponente, franco, engenhoso, robusto, independente, tenaz e orientado para a ação.

É determinado pela justiça e pela injustiça, quer fazer reparações. Como líder, cria uma aparência de alta energia, combativo. Defensor dos outros, leal com os amigos, protetor de sua família. Não sabe esconder sua cólera, que se torna o meio que encontra de se fazer respeitar e não ser dominado. Adora os desafios, é rápido e eficaz, tem iniciativas de todo gênero. Tem necessidade de bastante espaço e deve ser capaz de prever tudo. Tudo nele deve ser intenso, há excesso de tudo. Duro por fora, terno por dentro, dificilmente alguém entra em sua intimidade. Aborrece-se com facilidade se não está no comando. Desenvolve uma forte capacidade de mostrar o ponto fraco das pessoas. É excelente crítico dos defeitos e das fraquezas dos outros.

4. As crenças disfuncionais no tipo 8

A justiça e a verdade devem reinar neste mundo.

Tudo deve estar em ordem, pois eu sou o chefe.

Sua preocupação maior é comandar.

Quem comanda aqui? Eu sou o único a ver as coisas exatamente como deveriam ser.

Eu posso organizar, libertar todos das injustiças e dos aproveitadores.

5. Mecanismo de defesa do tipo 8: a recusa

Está baseado na recusa. Nada o incomoda (vivência desagradável, fraqueza, conflito interno...). Não sente o que não vê. Isso não existe (não, eu não tenho medo). Estabelece, assim, seu controle e não tem mais problema. Domina-se, não tem hesitação, não tem estado de alma, o dever foi cortado.

6. O que necessita aprender

- Pensar antes de debater.
- Descobrir a diplomacia como meio de negociação.
- Reconhecer suas próprias fraquezas e sua vulnerabilidade.
- Dar confiança aos outros, e não somente a sua tribo.

Gerando um empoderamento que desperta comportamentos no tipo 8, está a virtude inocência.

In (negação) e nocentia (maldade).

A inocência, portanto, é a qualidade da alma isenta do mal.

É integra, temperante e reta.

7. Os subtipos 8

O eneagrama da personalidade divide o tipo 8 em três subtipos.

Subtipo 8 autopreservação (atitude básica: sobrevivência tranquila)

É controlador de seu espaço vital. Tudo tem de funcionar perfeitamente.

Subtipo 8 sexual (atitude básica: possessividade)

Está sempre no comando, querendo saber de tudo e ter controle. É o subtipo 8 mais agressivo.

Subtipo 8 social (atitude básica: amizade)

Quer que todos sejam felizes. É líder de proa, preocupado com o bem comum.

8. O complexo de Jonas no tipo 8: medo da grandeza.

Mas Jonas ficou profundamente descontente com isso e enfureceu-se.

"Ele orou ao Senhor: Eu sabia que tu és Deus misericordioso e compassivo, muito paciente, cheio de amor e que promete castigar, mas depois se arrepende.

Agora, Senhor, tira a minha vida, eu imploro, porque para mim é melhor morrer do que viver."

O tipo 8 tem medo de ser invadido, de ser controlado pelos outros. No fundo, tem medo da própria grandeza. O chefe tem medo da grandeza! Ele quer fazer justiça.

Assim, para Maslow, o complexo de Jonas torna-se o medo de sua própria grandeza, a evasão ao seu destino; é renunciar àquilo que poderíamos ser e que deveríamos ser. Todos temos potenciais não utilizados ou não completamente desenvolvidos. Todos gozamos intensamente de possibilidades quase divinas, que descobrimos apenas em momentos privilegiados. Ao mesmo tempo, no entanto, trememos de fraqueza, de incapacidade, de medo, diante dessas mesmas possibilidades. Jonas quer vingança, comportamento que é a fixação do tipo 8.

9. O tipo nas organizações

O impulso fundamental que o orienta é o de comandar e o de estruturar todos os locais onde atua. Embora extrovertido, objetivo e intuitivo, inclina-se para o pensamento empírico, considerando que qualquer tarefa implica sempre um motivo anterior capaz de justificá-la. Por essa razão, preocupa-se com os fins e com a política geral da empresa e, quando numa posição de comando, mostra-se hábil para visualizar os objetivos estabelecidos e para comunicá-los aos demais.

É, por natureza, chefe e construtor de organizações, desde que possa direcioná-las, pois lhe é difícil acatar ordens alheias. Embora tolerante a procedimentos preestabelecidos, pode facilmente abandoná-los quando resultam ineficientes, uma vez que valoriza a competência e não admite a repetição de erros.

Por dedicar-se quase que exclusivamente ao trabalho, os demais setores de sua vida são muitas vezes relegados. Aprecia ser executivo e normalmente assume posições de comando e de responsabilidade junto à empresa onde trabalha.

10. Exacerbando na intensidade dos padrões de pensamentos e sentimentos, o tipo 8 adoece

Transtorno da personalidade antissocial
Critérios de diagnóstico

A. Um padrão invasivo de desrespeito e violação dos direitos dos outros que ocorre desde os 15 anos, com indicativo por pelo menos três dos seguintes critérios:

1. Fracasso em conformar-se às normas sociais com relação a comportamentos legais, indicado pela execução repetida de atos que constituem motivo de detenção.

ACORDE! Um Eu dorme em Você

2. Propensão para enganar, indicada por mentir repetidamente, usar nomes falsos ou ludibriar os outros para obter vantagens pessoais ou prazer.

3. Impulsividade ou fracasso em fazer planos para o futuro.

4. Irritabilidade e agressividade, iniciadas por repetidas lutas corporais ou agressões físicas.

5. Desrespeito irresponsável pela segurança própria ou alheia.

6. Irresponsabilidade consistente indicada por um repetido fracasso em manter um comportamento laboral consistente ou honrar obrigações financeiras.

7. Ausência de remorso, indicada por indiferença ou racionalização por ter ferido, maltratado ou roubado outra pessoa.

B. O indivíduo tem, no mínimo, 18 anos de idade.

C. Existem evidências de transtorno da conduta com início antes dos 15 anos de idade.

D. A ocorrência de comportamento antissocial não se dá exclusivamente durante o curso de esquizofrenia ou episódio maníaco.

11. Apesar do ego, a ideia divina persiste, gerando empoderamento que desperta comportamentos no tipo 8

Realizador, garra, espírito de equipe, liderança forte.

O tipo 9
MEDIADOR, PACIFICADOR, APAZIGUADOR, DIPLOMÁTICO

| O self | adormece na | personalidade |

A- A ideia divina Amor	distorce em	fixação = acomodação
B- A paixão	manifesta-se como	indolência
C- A virtude divina Ação justa	quando cultivada, gera as forças	a) perspectiva/sabedoria; b) humildade e modéstia; c) adaptação e flexibilidade

Conforme a tabela acima, vemos que:

A- A ideia divina no ponto 9 é o Amor divino. A ideia divina é distorcida na fixação, que, nesse caso, é a acomodação.

B- A paixão do tipo 9 manifesta-se na forma de indolência.

C- A virtude divina – no caso do tipo 9, a ação justa – sobrevive na personalidade e persiste nas forças.

1. O conceito da paixão: indolência

No dicionário, indolência é o estado de prostração e moleza, de causa orgânica ou psíquica ou temperamental. No eneagrama é o desejo de não se deixar afetar pela vida. É uma renúncia em levantar-se com plena vitalidade e viver a vida em sua plenitude.

O tipo 9 aprendeu a ceder e a desencorajar-se diante dos obstáculos. A preguiça fez nele seu ninho. Aprendeu a satisfazer-se rapidamente com tudo e tornou-se mole e indolente. Desenvolveu uma autoimagem de abnegado e renunciou ao combate e à luta da vida.

O tipo 9 natural, isto é, sem trabalhar sua personalidade, é um preguiçoso, inativo. Sob o disfarce da resignação e do autoesquecimento, ou seja, de uma autoimagem de "bonzinho", esqueceu-se de lutar. Tem pavor de conflitos e prefere ceder e agir como um santo. Camuflou sua preguiça sob uma submissão divina.

2. Um dia a criança 9 erra o alvo e acerta no vício

Seus pais reais ou imaginários, provavelmente não observaram sua presença, negligenciado ou eclipsado pelos irmãos e pelas irmãs, viveu no anonimato em sua casa materna. Não foi

ACORDE! Um Eu dorme em Você

ouvido ou ficou entre duas partes opostas: pai e mãe. Ficando entre as partes, o interesse dos pais tornou-se mais importante e vital que os seus. Assim, aprendeu que o ponto de vista dos outros vem em primeiro lugar. Ocupar-se dos outros foi a forma que encontrou para esquecer seus verdadeiros desejos. Abdicou de seus desejos.

Deseja imensamente que tudo seja harmonioso e sem conflito. Criou qualidade de apaziguador, atento, gentil e amistoso. Com semblante alegre, modesto e sem propósito pessoal, é uma pessoa que não ameaça ninguém. Abnega-se sem perceber, como um santo, mas sabe que não é um santo. Enxerga o ponto de vista de todos. Sabe se colocar no lugar de todos. Mas, enxergando o ponto de vista de todos, tem dificuldade de defender seu ponto de vista e dizer não. É capaz de sentir em si as qualidades dos outros e torna-se muito conciliador. Conhece as necessidades dos outros, melhor que suas próprias necessidades. Isso desenvolve no tipo 9 um sentimento de estar esvaziado. Com facilidade, sacrifica-se sempre pelo outro. Aprende a substituir suas necessidades essenciais por outras menores. Não tem pressa, tudo a seu tempo, tornando-se lento e pouco produtivo.

3. Criando a autoimagem de: harmonioso, gentil, amistoso e apaziguador.

4. As crenças disfuncionais no tipo 9
Tudo é verdadeiro.
Todos são bons.
Ele tem razão.
Minhas necessidades não são importantes.
Pouco me basta.
Contento-me com tudo.

O tipo 9 vê a verdade em tudo. Todo mundo tem razão. Respeita a todos. A paz reina nele. As necessidades dos outros são mais importantes que as suas. Encontra sempre meios para que todos estejam de acordo. Tudo lhe basta, contenta-se com pouco.

5. Mecanismo de defesa do tipo 9: a anestesia, a narcotização.

A narcotização anestesia uma parte da pessoa. Tudo passa a não ter importância. Sacrifica-se pelos outros, esquece-se de quem realmente é e o que deseja. A alma mergulha no sono. A narcotização do eu pode se manifestar no corpo. Os olhos do tipo 9 às vezes parecem entorpecidos, mortos ou vidrados. Manifesta-se também, no comportamento, em uma predileção por diversões que o distraiam de si mesmo.

6. O que necessita aprender
- Colocar uma divisão entre o eu e os outros.
- Ocupar-se e pensar em si mesmo.
- Parar de se sacrificar.
- Aprender a expressar, encontrar seu ponto de vista e defendê-lo.
- Aprender a ter uma opinião, executar seus próprios projetos e bem encaminhá-los.
- Aceitar o conflito, os confrontos, as oposições, as posições inconciliáveis.

7. Os subtipos 9

O eneagrama da personalidade divide o tipo 9 em três subtipos.

Subtipo 9 autopreservação (atitude básica: anestesiado)

Não quer ver nem sentir. Vive alienado da vida. Narcotização da vida. Colecionador.

Subtipo 9 sexual (atitude básica: fusão)

Querendo assumir a qualidade mais as energias dos outros, tornam-se agressivos. São mais atrevidos que os demais subtipos 9. Vive dependente do outro.

Subtipo 9 social (atitude básica: participação)

É o mais participativo e o que está mais acordado. Quer estar junto. Leva apenas parte de si para dentro do grupo.

8. O complexo de Jonas no tipo 9: medo da aniquilação, da separação.

ACORDE! Um Eu dorme em Você

Jonas recusa-se a escutar a voz interior do ser que o conclama a se sobrepujar, pois então estaria ultrapassando seu pai. Essa é a explicação edipiana de Jonas ou da neurose do sucesso, segundo Leloup.

O tipo 9 toma o sucesso e suas repercussões por medo de ultrapassar seus pais (ou um deles), seja em felicidade, em educação, em fortuna ou em status. Tem medo de tornar-se uma ameaça aos pais e ser rejeitado por eles. Freud cita o exemplo de um professor universitário que durante vários anos invejou a cadeira de seu mestre, chefe de departamento. Assim que sua vontade se realizou e seu mestre se aposentou, uma depressão profunda o invadiu e o subjugou por vários anos. Fenichel vê, como causa profunda do medo do sucesso, o sentimento de indignidade: "O sucesso pode significar a realização de algo imerecido e falso, que acentua inferioridade e culpa [...]". Um sucesso pode não implicar apenas uma preocupação imediata, mas também um aumento de ambição, levando ao medo do futuro e, consequentemente, à punição.

9. O tipo nas organizações

Extremamente idealista, é capaz de dedicar-se muito ao que faz. Para entendê-lo, é necessário compreender *a priori* a causa que abraça, já que por ela não mede quaisquer sacrifícios. Busca um propósito em tudo o que faz, ou não faz.

É dono de um profundo senso de honra e dignidade humana, e sua vida é uma busca incessante de união entre corpo e espírito. É orientado segundo os valores em que acredita, e não segundo a lógica dos fatos.

Suas impressões são globais, fluidas e difusas. Emprega metáforas constantemente e possui o dom de criar e interpretar símbolos.

Geralmente paciente em situações complexas, enfada-se com detalhes rotineiros e com o hipotético. Valoriza a harmonia, podendo ceder para evitar conflitos. Entretanto, apresenta dificuldade para conciliar suas concepções românticas da vida com a realidade fria das culturas organizacionais.

Pesa-lhe a convicção de que a felicidade deve ser paga com a dor, o que lhe causa, invariavelmente, um profundo sentimento de inquietude.

10. Exacerbando na intensidade dos padrões de pensamentos e sentimentos, o tipo 9 adoece

Tendência ao transtorno da personalidade dependente.

Critérios de diagnóstico (DSM IV)

Uma necessidade invasiva e excessiva de ser cuidado, que leva a um comportamento submisso e aderente, e temores de separação, que começam no início da idade adulta e estão presentes em uma variedade de contextos, indicados por pelo menos cinco dos seguintes critérios:

1. Dificuldade em tomar decisões do dia a dia sem uma quantidade excessiva de conselhos e reasseguramento da parte de outras pessoas.
2. Necessidade de que os outros assumam a responsabilidade pelas principais áreas de sua vida.
3. Dificuldade de expressar discordâncias de outros pelo medo de perder o apoio ou a aprovação. Nota: não incluir temores realistas de retaliação.
4. Dificuldade de iniciar projetos ou fazer coisas por conta própria (em vista de uma falta de autoconfiança em seu julgamento ou capacidade, e não por falta de motivo ou de energia).
5. Vai a extremos para obter o carinho e o apoio de outros, a ponto de voluntariar-se para fazer coisas desagradáveis.
6. Sente desconforto ou desamparo quando só, em razão de temores exagerados de ser incapaz de cuidar de si próprio.
7. Busca urgentemente um novo relacionamento como fonte de carinho e amparo quando um relacionamento íntimo é rompido.
8. Preocupação irrealista com temores de ser abandonado à própria sorte.

11. Apesar do ego, a ideia divina persiste, gerando empoderamento que desperta comportamentos no tipo 9

Agradável, generoso, espiritualista, trabalhador, verdadeiro, justo, ativo.

ENEAGRAMA POSITIVO

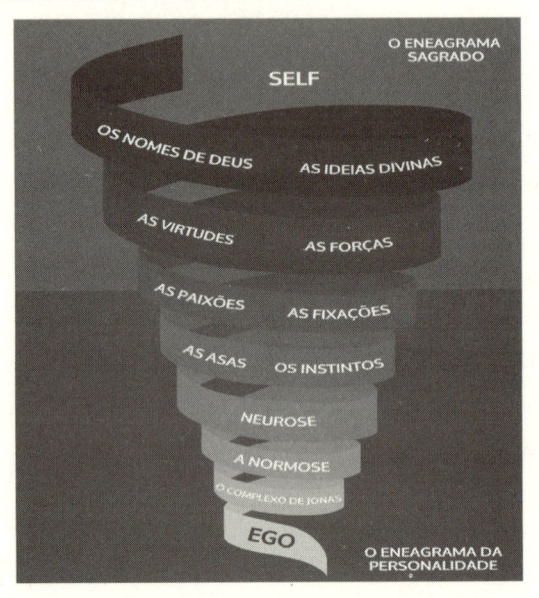

Além das paixões e das fixações, que são as dimensões normóticas do eneagrama, temos, portanto, um eneagrama que vê o ser humano em seu processo de crescimento e desenvolvimento.

Na realidade, esse é o estado natural do ser humano, sua dimensão sem o constructo da couraça de defesa que se cria no processo de desenvolvimento da personalidade.

A ideia divina, mesmo indo para o inconsciente, persiste em nos lembrar de nossa origem divina e persiste em aparecer nos sonhos, nas artes e no cotidiano como virtudes e forças. Em nossa natureza essencial, o *self* real em cada pessoa tem um processo dirigido para a autorrealização e conduz o desenvolvimento e o crescimento humano no sentido evolutivo e positivo.

Virtudes, forças e felicidade autêntica

Pesquisas recentes demonstram que a felicidade pode aumentar e prolongar-se na vida do ser humano e na sociedade.

A ideia central do eneagrama é que a ideia divina, apesar de paradoxal, traz em seu bojo o embrião da felicidade. Paradoxal porque felicidade e idealização, como mecanismo e armadilha da personalidade, andam juntas. A psicologia contemporânea, sobretudo a psicologia positiva e a psicologia transpessoal, ensinam como cultivar estados de felicidade. Da mesma forma, o eneagrama mostra esse caminho. Cultive a ideia divina com uma consciência ampliada, isto é, com elementos do *self*, e a felicidade entrará por sua porta.

Como no eneagrama positivo, a psicologia transpessoal ensina como entender nossas emoções positivas; a desenvolver em nós forças e virtudes; a criar um mundo pessoal e coletivo muito melhor. Aristóteles chamou esta vida de "vida boa".

Uma boa vida é importante, porém não bastam os bens materiais, que nos alegram por um curto período de tempo, às vezes minutos.

Deniel Kahneman, Prêmio Nobel de Economia, observou pouca correlação entre riqueza e felicidade.

Uma "vida boa" é uma vida de satisfação mais permanente, um estado de alegria mais duradouro, em que está presente a construção e o sentido para nossa vida.

Viktor Frankl, psiquiatra que viveu muitos anos em um campo de concentração, percebeu que pessoas que ali não adoeciam e suportavam o sofrimento eram capazes de atribuir significados em sua vida. Sem negar o sofrimento, tinham fé, acreditavam em uma saída e sonhavam em realizar algo no futuro. Precisavam sobreviver para contar ao mundo o que acontecia ali, para que nunca mais aquilo se repetisse. Precisavam reencontrar pessoas que amavam.

Portanto, a felicidade tem a ver com manter emoções positivas para conosco e para com os outros, muitas vezes independentemente das circunstâncias que nos envolvem. Necessitamos entender nossas emoções negativas, mas sobretudo cultivar as emoções positivas.

Viver emoções positivas implica também não negar emoções negativas. Aprender a observá-las, transformar. As emoções negativas são distorções das emoções positivas. Evolutivamente possuem a sua função; porém, no momento atual da espécie, podemos diminuir sua intensidade e sua temporalidade e, sobretudo, usá-las a nosso favor de forma consciente. Como exemplo, podemos citar a inveja. Quando sentimos inveja, reconhecemos no outro aspecto positivo que não estamos conseguindo ver, ter e sentir em nós. São potencialidades que estão escondidas do raciocínio lógico. Portanto, a inveja é uma carência, um estado próximo de se tornar consciente; um desejo de possuir algo que tornaria a pessoa mais plena. Podemos reconhecer a inveja como um sentimento positivo se o compreendermos e o transformarmos em sentimento de equilíbrio e ações construtivas.

Martin Seligman, um dos criadores da psicologia positiva, fez a seguinte pergunta: "O que permite e o que impede as emoções positivas?".

Todos procuram respostas a essa pergunta. As religiões prometem maior felicidade. O capitalismo também. Aristóteles afirmava que a felicidade era o significado e o propósito de vida, o alvo e a finalidade exclusiva da vida humana.

Dalai Lama afirma que a busca da felicidade independe de crença, desta ou daquela religião, é o maior objetivo do ser humano.

Sendo a felicidade o maior desejo do ser humano, ainda não conseguimos criar um mundo feliz. Apesar de tantas promessas, ninguém nos ensina didática e logicamente como ser feliz. A educação não está comprometida com a felicidade.

Cabe à psicologia saber como formar educadores, terapeutas e empresários comprometidos com a felicidade e o bem-estar de todos. A psicologia atual está iniciando uma nova etapa que pode ajudar milhares de pessoas a viver de modo mais pleno e com mais emoções positivas.

A felicidade foi muito negligenciada. O lado positivo de nossa vida precisa de atenção. Descartamos a felicidade dos processos formais de educação, de política e até das psicoterapias, focando somente a doença no ser humano.

Maslow, quando presidente da Associação de Psicologia Americana (APA) na década de 1960, oficializou a psicologia transpessoal e denunciou quão pouco a psicologia conhecia sobre o saudável no ser humano. Enfatizava que era fundamental estudar e colocar foco na dimensão positiva e transcendente da humanidade.

Freud dizia que há em nós um instinto de vida, que chamou de Eros, mas dizia também que há em nós um instinto de morte, que chamou de Thanatos. Uma balança que, nos primórdios da espécie humana e em momentos de grandes crises que nos ameaçavam, sempre pendeu para Eros.

O papa João Paulo II dizia que o mundo está mergulhado numa "cultura da morte".

Portanto, hoje a felicidade e as emoções positivas precisam ser lapidadas com conhecimentos e tecnologias que nos ajudem a retirar a crosta depositada pela cultura doente em que vivemos. Thanatos ou Eros, qual vai dar o tom para a música de nossa vida? Qual música o ser humano vai dançar e aprimorar?

O que podemos dizer é que o que vai dominar é aquela que a sociedade cultivar, aquela que consciente e individualmente cultivarmos. A psicologia transpessoal, de Maslow, e a psicologia positiva estabeleceram conexões claras entre felicidade, virtudes e habilidades. O melhor de nós mesmos pode florescer quando cultivado.

Para cultivar esses estados de felicidade genuína, temos de conhecer profundamente estudos sobre pessoas felizes e autorrealizadas. No plano pessoal, temos de nos autoconhecer. Trata-se de vivenciar momentos prazerosos, que tenham um sentido positivo e nos quais estejamos comprometidos, esse é o significado do conceito de felicidade autêntica.

Quando o bem-estar é fruto da integração de emoções positivas, das virtudes e das forças pessoais, temos mais sucesso no campo profissional e nos relacionamentos, além de uma experiência de autorrealização.

Seligman divide as emoções em três tipos. Em primeiro lugar, as emoções voltadas ao passado, por exemplo, satisfação, contentamento, orgulho e serenidade. Em segundo, as emoções voltadas para o futuro: otimismo, esperança, confiança e fé. Em terceiro, as emoções voltadas para o presente: prazeres e gratificações.

No presente, estão as emoções positivas ligadas aos cinco sentidos: cheiros, sabores, sensações, visões, cores, sons, que são os prazeres físicos. Também são emoções positivas alegria, encantamento, entusiasmo, etc.

As gratificações não são sentimentos, mas atividades que gostamos de fazer, por exemplo, ler, dançar, jogar, trabalhar. As gratificações criam um estado em que o tempo para. Quando pensamos em como foi gostoso aquele esporte, aquela dança, e dizemos: "Puxa, como foi maravilhoso!", vivenciamos novamente aquele estado. Mihaly Csikszentmihaly, professor da Universidade de Chicago, denominou esse estado de *flow*, experiência de fluxo. A vida flui.

A psicologia sabe muito sobre a depressão, mas pouco sobre a essência das pessoas felizes. Freud mostrou o doente, sobretudo o histérico, mas muito pouco o que era o ser humano saudável.

Maslow dizia que, se quiséssemos saber sobre o ser humano que deu certo, o ápice de nossas potencialidades, devemos olhar para as pessoas realizadas e felizes.

Deveríamos olhar para Madre Tereza de Calcutá, Gandhi, Mandela, para empresários que são ousados e capazes de colocar em suas empresas a felicidade como um diferencial estratégico e querem funcionários e *coachee* ou clientes felizes. No fundo querem oferecer às pessoas satisfação de necessidades e felicidade.

Há movimentos sociais para a felicidade acontecendo neste

momento. No mundo político, o movimento Seja Mais Feliz, em governos e em empresas, o FIB (Felicidade Interna Bruta) nascido no Butão. Esses acontecimentos podem ajudar o mundo a sair da "cultura da morte".

Na psicologia dos terapeutas do deserto (no século III, cultivavam o eneagrama trabalhando as paixões) vamos encontrar ideias, práticas, exercícios e meditações para conquistar estados de felicidade. Para eles, nossos defeitos podem ser a matéria-prima para a construção de estados de bem-estar e, sobretudo, de nossas virtudes. Descreviam nove virtudes humanas, as quais apareceram posteriormente no cristianismo como os sete pecados capitais.

Vamos relembrá-los aqui: raiva, orgulho, inveja, avareza, gula, luxúria e preguiça. Olhamos para esses pecados como defeitos em nós. Enganamo-nos quando aceitamos esses aspectos como defeitos. Atrás de cada pecado está escondida a verdadeira natureza humana, aquilo que em essência é o ser humano. Um vir a ser. A potencialização de uma virtude. Leloup nos lembra de que a etimologia da palavra pecado é 'errar o alvo'. Para os terapeutas do deserto, pecado era um modo de errar o alvo, portanto um processo de aprendizagem. O arqueiro aprendiz errava o alvo até que a arte se instale em seus braços.

Para os terapeutas do deserto, cada pecado representava a estrada que nos levaria a uma virtude.

Então, para a raiva, havia por trás a virtude da serenidade, que despertava o desejo de integridade. Para o orgulho, a virtude da humildade. Para a inveja, a virtude da originalidade. Para a avareza, a virtude da generosidade. Para a gula, o equilíbrio. Para a luxúria, a inocência. Para a preguiça, a virtude da ação.

As paixões e os vícios emocionais, quando entendidos como uma arte, nos levam à Felicidade, que é a arte de transformar nossos defeitos em virtudes, pedra fundamental na educação, na psicoterapia e em organizações saudáveis. É o grande remédio para tempos de "cultura de morte". Só com a felicidade autêntica se constrói uma cultura de paz, uma cultura da vida!

PARTE 3

FERRAMENTAS PARA A AUTOTRANSFORMAÇÃO

Na parte 3, vamos continuar a utilizar a imagem da espiral para apresentar as sete etapas, demonstrando que o desenvolvimento e o crescimento pessoal ocorre na espiral, e esse é o melhor modelo para explicar como se dá qualquer processo terapêutico ou de *coaching*.

Esta terceira parte contém ainda meditações e perguntas poderosas como práticas terapêuticas que orientam os processos de transformação e crescimento pessoal para "parteiros do sagrado", que são os buscadores do eu, os terapeutas, os *coaches* e os educadores.

As sete etapas que apresentaremos são uma contribuição ao trabalho de crescimento e transformação que se pode iniciar a partir dos conhecimentos do eneagrama, já que não se trata de uma terapia nem um caminho espiritual. Mesmo não sendo um processo terapêutico ou espiritual completo, ele oferece grandes revelações que orientam tais processos. Nesse sentido é que estamos utilizando as sete etapas de transformação, na abordagem integrativa transpessoal, para orientar processos evolutivos com os tipos psicológicos.

As sete etapas do processo de crescimento e desenvolvimento dos tipos psicológicos, segundo a abordagem integrativa transpessoal

ACORDE! Um Eu dorme em Você

AS SETE ETAPAS DA ABORDAGEM INTEGRATIVA TRANSPESSOAL

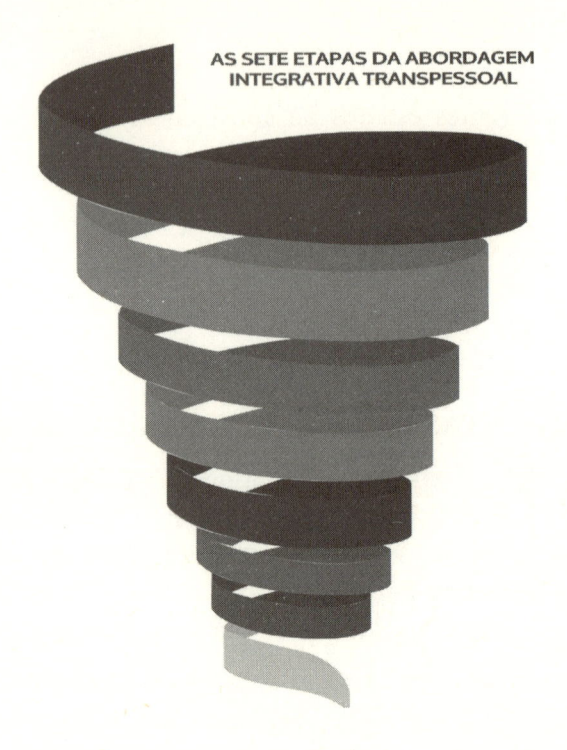

Este embasamento teórico foi desenvolvido pela coautora Vera Saldanha, em seu doutorado em Psicologia Transpessoal, na Universidade Estadual de Campinas – Unicamp.

Saldanha apresenta a Abordagem Integrativa Transpessoal (AIT) como um método relevante, com base nos principais axiomas da psicologia transpessoal. Propõe um modelo do desenvolvimento psicoespiritual do ser humano com base em aspectos estruturais e dinâmicos. Aliados importantes na vivência em cada uma das sete etapas são os elementos do desenvolvimento psicológico, denominados Razão, Emoção, Intuição e Sensação (R.E.I.S).

Estes (R.E.I.S) fazem parte do embasamento teórico em seus aspectos dinâmicos e favorecem a emergência do eixo experiencial, possibilitando o eixo evolutivo, que, integrados, promoverão uma transformação no sujeito. O eixo experiencial é a integração do R.E.I.S e o evolutivo representa os diferentes estados de consciência no indivíduo. A razão (R) engloba pensamentos e sentimentos que envolvem análise conceitual e de valoração, por exemplo, no caso da análise conceitual, o indivíduo atribui julgamento de alto, baixo, grande, pequeno, claro, escuro; dados objetivos. No caso do sentimento, envolve a análise subjetiva: gosto, não gosto, bonito, feio. Emoção(E) é a base da ação, a energia que move o indivíduo, seja em razão de seu pensamento, de suas sensações ou até mesmo de suas intuições. Intuição (I) é o que traz a perspectiva do futuro, em que se trabalha com a imaginação mnemônica (memórias do passado) e a imaginação criativa, *insights* e lampejos de iluminação; é um atributo da percepção, de síntese, e promove no indivíduo a apreensão do todo. Sensação(S) é a percepção dos cinco sentidos e envolve a ação propriamente dita na materialidade. É o primeiro desenvolvimento no bebê recém-nascido.

Os cientistas dizem que o Universo tem ainda o som de seu nascimento. O barulho do *big bang*. Foram necessários muitos instrumentos e conhecimentos para gravar esse som inicial. Assim é com nossa alma, conservamos em nosso ser o som inicial de nossa espiritualidade, esquecido no desenvolvimento da personalidade. Quando ouvimos o som de nossa alma, tornamo-nos "pássaros pintados" e não conseguimos nos adaptar na cama de Procrusto; então, entramos na angústia inerente ao início do processo de individuação, isto é, deixar de estar dividido. Aqui estamos no início de uma jornada espiritual. Essa é nossa proposta ao integrar a AIT ao eneagrama.

No contexto do eneagrama, vamos destacar os aspectos dinâmicos da AIT, em especial as sete etapas propostas por Saldanha.

Aspectos dinâmicos do eneagrama

Riso e Hudson foram os autores que mais trabalharam a dimensão vertical do eneagrama correspondente ao que estamos denominando eixo evolutivo. Essa forma de ver o eneagrama transforma-o em um instrumento precioso para o terapeuta, o *coach* e qualquer pessoa que queira conhecer, medir seu nível de desenvolvimento.

Nosso enfoque vai um pouco além. Evidenciamos um acréscimo à dimensão vertical. Propomos uma metodologia que permite percorrer um caminho evolutivo no campo terapêutico, no trabalho de *coaching*, ou ter um mapa para se compreender e se autotransformar.

A AIT também parte do princípio de que, para compreender o ser integral, temos de contemplar duas dimensões: a dimensão horizontal, ou eixo experiencial, que traz os elementos do desenvolvimento REIS – Razão, Emoção, Intuição e Sensação; e a dimensão vertical, ou eixo evolutivo, a dimensão dos níveis de desenvolvimento segundo os estados de consciência e o modelo evolutivo em cada tipo psicológico.

A dimensão vertical representa os diferentes estados de consciência que indicam o caminho evolutivo, isto é, a qualidade do pensar, do sentir e do comportar-se. Avalia ainda se o estado de consciência é mais sutil ou mais denso, implicando a qualidade da saúde mental.

A dimensão horizontal permite vivenciar a integração dos elementos do desenvolvimento psíquico REIS nos diferentes estados de consciência.

Dessa maneira, o modelo de dois eixos em forma de cruz, formando quatro quadrantes, nos traz uma compreensão didática de como conduzir processos de desenvolvimento e aprimoramento.

Olhando as tipologias do eneagrama, sobretudo as da paixão

e da fixação, permitimo-nos trabalhar com segurança os tipos psicológicos e acordar o eu que dorme em nós.

No eneagrama também contemplamos essas duas dimensões. Uma dimensão horizontal (eixo experiencial) que é o tipo psicológico com um padrão de comportamentos, emoções e pensamentos, e a dimensão vertical (eixo evolutivo) que corresponde ao grau de desenvolvimento ou de regressão que o indivíduo vivencia. Em outras palavras, o eixo vertical é quanto o indivíduo evoluiu e libertou-se de padrões predefinidos característicos de cada tipo e caminhou no sentido do autoconhecimento e da autodescoberta, ou quanto ele está regredido patologicamente.

Poderíamos dizer que o eixo experiencial é como cada tipo reage no mundo, e o eixo evolutivo como desempenha essa ação, em grau maior ou menor de qualidade e de consciência.

Hudson e Riso propõem que a dimensão vertical tenha três faixas principais: saudável, média e não saudável, relacionando os níveis de desenvolvimento.

Um trabalho clínico ou de *coaching* enriquece-se muito ao integrar essas classificações com os níveis de desenvolvimento dos estados de consciência, trazendo maior compreensão, fundamentação e base de aplicação técnica.

Estados ou níveis de consciência

Grof define a consciência do seguinte modo:

É a expressão e reflexo de uma inteligência cósmica que permeia todo Universo e toda existência. Somos campos ilimitados de consciência transcendendo tempo, espaço, matéria e causalidade linear. Estados não comuns de consciência são manifestações da psique humana. Emergência desses estados pode ter fins terapêuticos.

Apesar de existirem inúmeras graduações nos distintos es-

ACORDE! Um Eu dorme em Você

tados de consciência, Weil descreve aqueles que são demarcatórios: consciência de vigília; de sonho; de sono profundo; de devaneio; despertar e plena consciência.

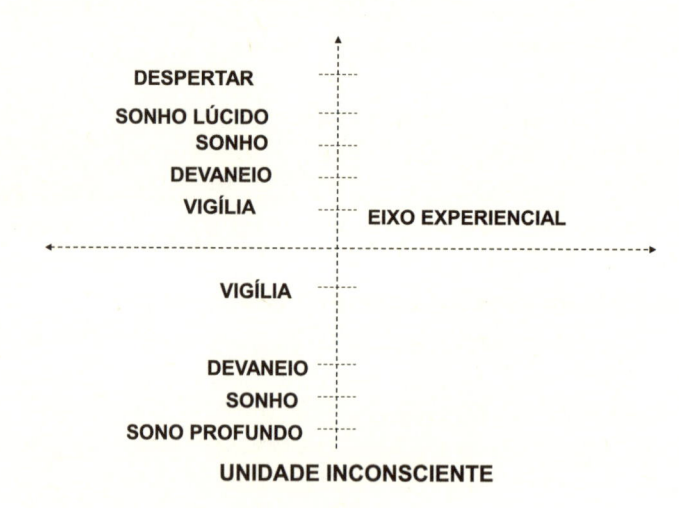

Esses estados de consciência, além de permitirem um diferencial na prática psicoterapêutica, propiciando muitos recursos técnicos, são também facilitadores da aprendizagem, favorecidos na didática transpessoal no referencial da AIT.

O indivíduo percebe a realidade de acordo com o estado de consciência que está vivenciando. Cada estado de consciência é um conjunto de eventos energéticos, do qual a percepção da realidade depende.

Os estados de consciência são descritos por Weil e apresentados na AIT da seguinte forma:

```
                    PLENA CONSCIÊNCIA
                           ▲
         DESPERTAR      ---┤
      SONHO LÚCIDO      ---┤
            SONHO      ---┤
         DEVANEIO      ---┤
          VIGÍLIA      ---┤
                          ┤   EIXO EXPERIENCIAL
     ◄────────────────────┼────────────────────►
                          ┤
          VIGÍLIA      ---┤
                          ┤
         DEVANEIO      ---┤
            SONHO      ---┤
    SONO PROFUNDO      ---┤
                          ▼
                  UNIDADE INCONSCIENTE
```

Estado de consciência de vigília: é o mais conhecido, aquele no qual nos encontramos quando estamos acordados, trabalhando, planejando.

Predominam as funções do ego; a relação do indivíduo com o ambiente; a mente; as emoções; os cinco sentidos num mundo tridimensional. Ocorre a separação nítida entre o eu e o mundo exterior.

Estado de consciência de devaneio: pode-se alcançá-lo por meio do relaxamento. Esse estado de consciência traz imagens e ideias desconexas, ou mesmo criativas, literárias, artísticas, científicas e administrativas. A atenção é difusa, e há total receptividade, disponibilidade para o momento presente. Propicia a associação livre. Tais ideias precisam ser anotadas imediatamente, pois tendem a desaparecer por completo no estado de consciência de vigília.

Estado de consciência de sonho: Freud foi o pioneiro nos estudos dos sonhos. Seu trabalho sobre elaboração onírica foi obra de destaque na época, e suas afirmações sobre sonhos vieram a ser confirmadas na década de 1950 pelos estudos em neurologia realizados por Kleitman e seu discípulo Aserinsky. Com base em observações no movimento dos olhos em bebês, constatou-se o que passou a ser chamado de sono REM (*rapid eyes movement*), ou movimento rápido dos olhos. Verificou-se que todos sonhamos, em média, quatro sonhos por noite.

Segundo Freud, todo conteúdo manifesto (imagens, sensações físicas ou sentimentos), trazido ao consciente pelo sonhador, é gerado pelo conteúdo latente, constituído por impulsos, pulsões, motivações e desejos do inconsciente autobiográfico.

Para a abordagem transpessoal, o conteúdo latente inclui, além do inconsciente individual psicodinâmico, acontecimentos ontogenéticos; filogênese; o inconsciente coletivo; arquetípico e a dimensão superior da consciência, ou supraconsciente, ou seja, o processo primário, o secundário e o terciário (transcendente) proposto na AIT. O conteúdo manifesto pode ser, portanto, a expressão das pulsões de vida, morte e transcendência.

Estado de consciência de sono profundo: corresponde,

no senso comum, à inconsciência total, quando um véu separa o indivíduo do mundo externo. No registro do eletroencefalograma, nesse estado de consciência, o cérebro emite ondas delta em média de 1 a 4 ciclos por segundo. Contudo, pesquisas nessa área sugerem que, às vezes, pode haver um nível de supraconsciência durante esse estado; o ego desaparece totalmente, a consciência retorna a si mesma, à sua fonte, e o indivíduo é revitalizado. Em 1976, na Menninger Foundation, nos Estados Unidos, sob o controle experimental de Elmer Green, Swami Rama submeteu-se a um processo de pesquisa, apresentando registros de ondas delta correspondentes ao estado de sono profundo em plena vigília. Ele estava desperto e consciente de tudo o que se passava a seu redor. Rama afirmou que existem estados de expansão de consciência que são bem mais sutis e não detectáveis pelos nossos aparelhos de eletroencefalograma até o presente momento.

Estado de consciência de despertar: situa-se entre a consciência individual e a consciência cósmica. É saída do torpor, do estado de automatismo. O indivíduo desenvolve, gradualmente, um nível de reflexão, consciência e percepção mais ampla de sua própria existência. Equivale a despertar um observador de si próprio. Ocorre a percepção da essência, a desidentificação de partes, emoções, mente, papéis, corpo. Promove a expansão do campo da consciência. O indivíduo mantém a atenção sustentada e direciona, conscientemente, seus pensamentos e suas motivações.

Os recursos que podem induzir o indivíduo a tal estado de consciência são: relaxamento, concentração, meditação, exercícios de orientação transpessoal quando estimuladas a razão, a emoção, a intuição, a sensação e o observador externo.

Estado de consciência cósmica ou plena consciência: as experiências são descritas com o caráter de inefabilidade; caráter paradoxal; desaparecimento da dimensão tempo espaço; não projeção da mente sobre os objetos; superação da dualidade sujeito-objeto (unidade) ou estado não dual; vivência de uma luz radiante que impregna o espaço; experiência energética de iluminação interior; vivência da vacuidade plena; vivência de amor indescritível; sentimento de viver a realidade como ela é; desaparecimento do medo da morte; vivência da eternidade; descoberta do verdadeiro sentido da vida e sentido do sagrado.

É acompanhado também pelo fim do sofrimento psicológico, pelo despertar da verdadeira sabedoria, indissociável do amor, e pela capacidade ilimitada ou limitada apenas pelo corpo físico em aliviar o sofrimento dos outros, aproximando-os da alegria de viver. O afeto positivo é de paz, serenidade, bem-aventurança. Essas mudanças são acompanhadas de alterações fisiológicas mensuráveis pelo eletroencefalograma; mudanças circulatórias, respiratórias, eletrocutâneas, entre outras. É a ocorrência do retorno consciente ao estado de sono profundo; caracteriza a experiência como proveniente do Criador, e não da criatura.

Os eixos formando os quatro quadrantes

Esses dois eixos imaginários configuram também quatro quadrantes, em que predomina uma relação específica dos elementos do desenvolvimento psicoespiritual, REIS, e o estado de consciência do indivíduo.

Corpo teórico: Aspectos Dinâmicos

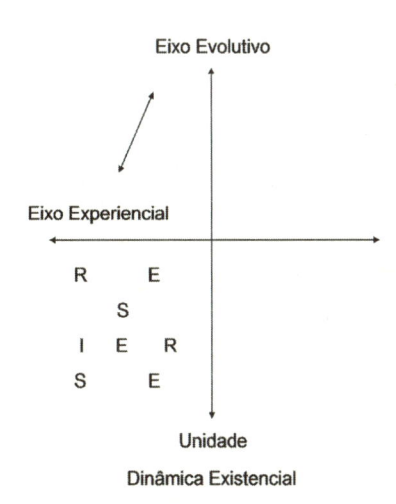

```
                    Eixo Evolutivo
                         ↑
                    ↗
                  ↙
                         |
   Eixo Experiencial     |
   ←─────────────────────┼─────────────────────→
                  R    E |
                     S   |
                  I  E R |
                  S    E |
                         |
                         ↓
                      Unidade
                  Dinâmica Existencial
```

ACORDE! Um Eu dorme em Você

Essas linhas não são divisórias estanques, mas um modelo didático de como o processo acontece.

No primeiro quadrante

No quadrante 1, o indivíduo não tem consciência de quem realmente é. O estado de consciência que vivencia é um estado de torpor de inconsciência, é a tipologia eneagramática crua, isto é, o tipo em sua originalidade. O tipo psicológico é automatizado pelo condicionamento.

Nesse quadrante, os tipos psicológicos estão confusos, sem conseguir distinguir o padrão de comportamento, pensamento ou emoções que os domina. São movidos pela consciência coletiva e pelo inconsciente coletivo de forma acentuada. O indivíduo está identificado com a fixação, a paixão, as crenças, as emoções e os comportamentos básicos em cada tipo.

Os tipos psicológicos encontram-se identificados com alguns aspectos do REIS, por exemplo: suas crenças, suas emoções ou com o próprio corpo físico, enfim, com as características típicas de cada eneatipo.

O quadrante 1 é a tipologia normótica, fruto de condicionamento e de características introjetadas, formando uma couraça emocional e cognitiva.

Para o processo de evolução do tipo psicológico, a técnica AIT inicia o processo do acordar "inserindo" a primeira etapa, denominada Reconhecimento.

O indivíduo ainda continua no quadrante 1, porém começa a olhar ao redor de si, dentro de si, distinguindo o dentro e o fora e tendo uma reflexão consciente de quais são seus pensamentos, seus sentimentos. Na sequência, o indivíduo segue acolhendo suas emoções e suas sensações, vivenciando-as.

A segunda etapa é o momento da identificação. A intuição entra em ação e estabelece-se, dessa forma, um diálogo entre os elementos do desenvolvimento psíquico (REIS), gerando uma coerência entre o que o indivíduo pensa, sente, intui e faz. Simbolicamente, isso permite que o eixo experiencial, isto é, a vivência e a consciência dos conflitos emoções e pensamentos em cada tipo, se oriente em direção ao *self* (si mesmo).

Quando vivenciamos o tipo psicológico trazendo a dimensão REIS para a consciência, desponta o eixo evolutivo, o qual estava já presente no primeiro quadrante com todos os diferentes estados de consciência, porém o indivíduo não tinha consciência, sua energia estava aprisionada na confusão e nos aspectos disfuncionais que consomem toda a energia psíquica.

No quadrante 2, ocorre, portanto, a Desidentificação, isto é, a terceira etapa na qual a intuição e a razão afloram, e o indivíduo se percebe: "Eu estou um tipo x, mas não sou somente o tipo x". Há uma abertura para os diferentes níveis de consciência, ampliando a percepção de si próprio; é o momento que o leva à quarta etapa, denominada Transmutação. Nada é inteiramente mal, nada é inteiramente bom. Há uma relativização de suas percepções.

Ao ampliar sua percepção, abrindo novos espaços interiores e tendo a energia psíquica disponibilizada do padrão eneagramático, liberto de julgamentos rígidos, o indivíduo tem, então, condições interiores para o próximo passo, tem condições de se transformar.

O quadrante 3 é o momento de novas respostas em relação à situação antiga de uma nova percepção acerca dos fatos vivenciados. Há todo um processo gerado nesse novo modo de estar e de ser em relação a si próprio e aos padrões que envolvem cada tipo psicológico; é a quinta etapa, a Transformação.

Razão, emoção intuição e sensação são integrada com consciência. No quadrante 3, avança e traz a presença mais acentuada ainda da intuição, despertando o propósito, o sentido de tudo que aconteceu. Completa-se, dessa maneira, o eixo experiencial, no qual integrou os diferentes níveis de consciência com os elementos do desenvolvimento psíquico – REIS –, e a experiência se completa, toca o indivíduo, transforma-o e traz o sentido; é a sexta etapa, a Elaboração.

ACORDE! Um Eu dorme em Você

No quadrante 4, ocorre então a integração das conquistas alcançadas nesse processo no plano subjetivo e nas ações no mundo. Isso possibilita que o indivíduo saia da tipologia-padrão e vá para novos fatos e situações de sua vida com o nível de percepção mais refinado, iniciando um novo ciclo. É, portanto, a sétima etapa do processo do desenvolvimento psicoespiritual da AIT, a Integração.

Do quadrante 4, volta-se ao quadrante 1, porém agora mais diferenciado, mais profundo, em um estado de consciência superior, tornando-se cada vez mais perceptível e integrado, e a espiral evolutiva de consciência manifesta-se.

À medida que esse processo vai se repetindo e se elevando nas diferentes áreas de atuação da vida pessoal, como família, trabalho, espiritualidade, afetividade, sexualidade, traz uma qualidade de presença, um nível superior de percepção.

Para nós, essa é uma estrutura extremamente dinâmica e constante e se dá em espiral o tempo todo na vida das pessoas, quer tenham consciência de que ela está acontecendo, quer não.

Se pudéssemos imaginar esses dois eixos tridimensionalmente, poderíamos ver a seguinte imagem.

Eixo evolutivo

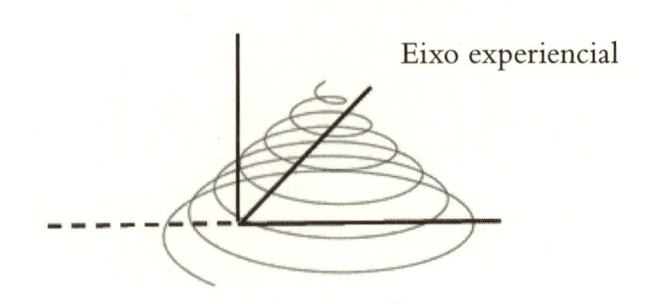

Eixo experiencial

Corpo teórico: Aspectos Dinâmicos

```
                    Eixo Evolitivo
                         |
    Eixo Experiencial    |
  _____    |_____
           R     E       |
                 S       |
           I E   R       |
           S     E       |
                    Unidade
                 Dinâmica Existencial
```

As Sete Etapas no Coaching Eneagramático Integrativo
Etapa 1 – Reconhecimento

O *Coaching* Eneagramático Integrativo é um trabalho que desenvolvemos, integrando o eneagrama, a Abordagem Integrativa Transpessoal, e a Psicologia Positiva. Na sequência estaremos apresentando As Sete Etapas e perguntas poderosas.

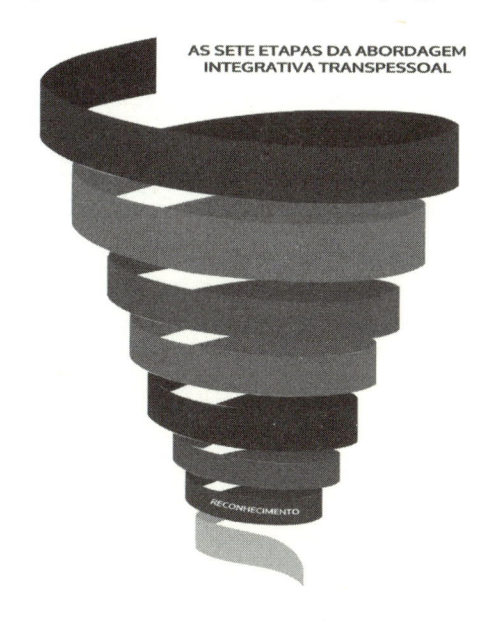

AS SETE ETAPAS DA ABORDAGEM INTEGRATIVA TRANSPESSOAL

RECONHECIMENTO

ACORDE! Um Eu dorme em Você

Denominamos Reconhecimento a primeira etapa do processo de autodesenvolvimento e aprimoramento do tipo psicológico. O reconhecimento para a criança é perceber o seio materno, as partes de seu próprio corpo, o outro, a família, os objetos que a cercam.

O reconhecimento do tipo psicológico em nós é o primeiro passo no caminho evolutivo. Conhecer o que determina e influencia nossas emoções, pensamentos e comportamentos é a condição essencial para que possamos mudar a paixão e a fixação, que na maioria das pessoas impedem viver a alegria e a felicidade, a vida em sua plenitude possível.

O eneagrama ensina-nos a transformar, aprimorar e reconhecer os mecanismos que nos aprisionaram em um tipo psicológico. O modelo das sete etapas nos ensina e nos orienta a reconhecer as experiências e acolhê-las, gerando a força necessária para vivenciá-las, transformá-las e aprimorar o ser. Somente quando a pessoa olha, acolhe e reconhece, vai identificar a experiência e trará a energia psíquica para trabalhar o evento em sua vida, aceitando-o, transformando-o e transcendendo-o. Nesse sentido, um dos valores presentes no reconhecimento é a humildade.

Reconhecer as experiências que o levaram ao sofrimento, crenças ou limitações são sempre momentos de desconforto, onde não se sabe ao certo o que está acontecendo – é um olhar para dentro e ao redor. Reconhecer os limites do tipo psicológico faz emergir, uma emoção, uma jornada mítica ou um elemento percebido como uma projeção pessoal.

Perguntas poderosas no reconhecimento
Qual é o tema ou o assunto que você quer trabalhar?
Em médio prazo, qual é seu objetivo relacionado a esse assunto?
Qual é o tempo para isso?
Quais são os passos intermediários e quando eles vão acontecer?
Que tipo de resultado você está esperando ao final desta sessão de *coaching*?

Quão longe e quão detalhadamente você espera ir nesta sessão de *coaching*?

Aqui, inicia-se para o *coach* ou terapeuta a importância da escuta.

a) O *insight* e a abertura para a mudança do próprio indivíduo revelam-se e manifestam-se no espaço entre as palavras.

b) O trabalho é ajudar o outro a ouvir e visualizar o seu caminho.

c) O foco do trabalho é potencializar o saudável do indivíduo.

d) A escuta é um atributo da percepção, e não só da cognição.

O reconhecimento estimula o indivíduo a perceber qual é a situação, o que é seu desafio, qual é sua meta.

Etapa 2 – Identificação

ACORDE! Um Eu dorme em Você

A segunda fase é a identificação. Nessa etapa, a criança é uma esponja, absorve tudo o que está a seu redor. Ela vai se identificando com emoções dos pais, com pessoas próximas a ela e com as ideias que lhe são transmitidas. Entretanto, essa absorção vai ser mediada pela matriz eneagramática inicial. No processo de identificação, chegamos tão perto de ideias, pessoas, pensamentos, emoções que não conseguimos mais nos separar do objeto de identificação. Perdemos a capacidade de ver, com clareza e distância, condições necessárias para uma neutralidade em relação a tudo o que observamos, sentimos e pensamos. Nossa percepção está distorcida, limitada ao fenômeno da identificação.

O processo de identificação determina a criação de nossa autoimagem, o que penso de mim ou o que eu acho que o outro espera de mim. A identificação com aquilo que se pensa de si próprio distancia o sujeito de sua verdadeira natureza, e, portanto, as percepções, os conceitos e os mecanismos serão distorcidos e tentarão manter uma coerência com a realidade exterior, com aquilo que se acredita que é, e não com o que se é de fato. Quanto mais hostis forem nossa percepção de mundo e nossa ideia de impossibilidade de mudança, mais fortes serão nossos condicionamentos, exacerbando as características tipológicas e, consequentemente, a formação de uma personalidade mais rígida, em maior ou menor grau neurótica.

A identificação favorece a vivência das características do tipo, possibilitado o como, onde, quando, com quem.

Na identificação a energia está mais presente. Somente quando a pessoa mergulha na vivência, trazendo as sensações e a emoção, é que de fato haverá energia psíquica disponível para trabalhar o evento de sua vida, transformá-lo e transcendê-lo; vivencia-se o momento intensamente.

O trabalho do facilitador, terapeuta ou *coach* é perceber como o *coachee* ou cliente está identificado com suas emoções, seus pensamentos, suas sensações e seus conflitos. Não basta o *coachee* ou cliente saber cognitivamente a que tipo ele pertence. Todo trabalho está em trazer as vivências que o fizeram de determinada forma e revivenciá-las, agora à luz do modelo que estamos propondo. Temos de voltar à experiência e trazer para a vivência a força da libido. Há que se ter o valor da coragem genuína para reviver a energia dos jogos da alma; as identificações com as polaridades das paixões e tudo o que delas advém. Se não houver a vivência dessas identificações, ocorrem os bloqueios psíquicos, mentais, emocionais e físicos. Somente o trabalho com esses dramas identificados, vivenciados nos níveis físico, mental, emocional e espiritual, é que possibilitará o fluir da psique e seu desenvolvimento em um eneatipo saudável.

O conhecimento teórico explicativo dos eneatipos e seus mecanismos são insuficientes para a transformação almejada.

Nessa etapa, a dinâmica psíquica é realçada. Se o indivíduo sente-se algoz, vítima, traído, desamparado, etc., há uma explicitação da dinâmica intrínseca do *coachee* ou cliente. Contextualiza-se o sintoma, facilitando a identificação. Foram explorados intensamente a razão, o pensamento, os sentimentos, as crenças, a emoção e a sensação.

A identificação e a teoria da esperança

A teoria da esperança, cujo precursor foi o falecido psicólogo Rick Snyder, é uma maneira simples e poderosa de lidar com o desencorajamento nos tipos psicológicos e sua perda de motivação.

Esperança é como o indivíduo constrói o futuro. Snyder acreditava que a teoria da esperança está inatamente ligada a metas pessoais, motivo pelo qual é de fundamental importância na psicoterapia e no processo de *coaching*. Podemos dizer: "Espero que não chova amanhã", mas essa utilização da palavra esperança é mera convenção linguística indicando um desejo geral.

O grau de esperança – ou a ausência dela – não é meramente previsível pelo desejo, mas por outros fatores. O grau pelo qual verdadeiramente temos esperança em algo é produto de dois tipos de pensamento: pensamentos de agência e pensamentos de alternativas. Segundo a psicologia positiva, você pode utilizar a própria linguagem do *coachee* ou cliente para identificar se a desesperança, o desencorajamento ou a falta de motivação é resultado do pensamento de agência ou pensamento de alternativas. Uma vez identificada a causa, você poderá, no primeiro caso, utilizar intervenções que constroem a confiança e, no último caso, trabalhar por meio de intervenções de criatividade e *brainstorming* (tempestade de ideias).

Exemplos de pensamento de agência (note que o foco está em si mesmo, o problema é consigo próprio!)

"Não posso fazer isso."
"Isso está além de mim."
"Me sinto uma fraude."
"Não sou bom nisso."
"Sou um fracasso."

Problemas com pensamento de alternativas (note que o foco está nas circunstâncias e nos processos)
"Já tentei de tudo."
"Estou contra a parede."
"Não sei o que fazer."
"Estou sem saída."
"Não sei a quem recorrer."

Dessa forma, utilizaremos perguntas que vão auxiliar na identificação de que tipo de pensamento está atuando no indivíduo, lembrando sempre de estimular o REIS em cada pergunta, especialmente a emoção e a sensação pertinentes a essa etapa, percebendo se há pensamentos de agência ou de alternativas.

Perguntas poderosas para a identificação
- Qual é o detalhamento da situação atual?
- Qual e quão grande é sua preocupação sobre isso?

- A quem mais este assunto afeta, além de você?
- Quem conhece seu desejo de fazer alguma coisa sobre isso?
- Que ações você já tomou a respeito disso até agora?
- O que o impediu de fazer mais?
- Que obstáculos você terá de enfrentar pelo caminho?
- Existe algum obstáculo interno ou resistência pessoal sua para tomar essas ações?

Em uma escala de 1 a 10, quanto você está identificado emocionalmente com essa questão? O que impede que seja 10?

AS SETE ETAPAS DA ABORDAGEM INTEGRATIVA TRANSPESSOAL

DESIDENTIFICAÇÃO
IDENTIFICAÇÃO
RECONHECIMENTO

Etapa 3 – Desidentificação

A terceira etapa é a Desidentificação. Há que se desejar ir além, a algo maior, se abrir para o inusitado, do "tenho que", "devo", desidentificar-se, ir além do pequeno eu, percebendo "eu estou" na raiva, por exemplo, mas eu não sou a raiva. Quem sou eu?

ACORDE! Um Eu dorme em Você

Nessa etapa há uma abertura importante do eixo evolutivo que permite trazer a intuição. Ela favorece a percepção do observador externo, e dessa forma o *coachee* ou cliente consegue separar o estar do ser. Por exemplo: estou deprimido, mas não sou a depressão.

Na terceira etapa, é mobilizado o desapego, um valor importante para que a desidentificação aconteça.

Outro aspecto necessário para uma desidentificação eficaz é o indivíduo ter vivenciado intensamente a etapa anterior da identificação, não há como se desidentificar daquilo que não identificou em si, seja a paixão, a fixação, os mecanismos de defesa ou as características de seu tipo psicológico. Tal fato pode ocorrer, principalmente, se o indivíduo não se envolveu com a experiência, fixou-se na informação, gerando a racionalização, negando a realidade, saltando da primeira etapa para a terceira. Esse contexto deixa clara a diferença entre o reconhecimento, que é mais racional e descritivo da identificação em que se vivencia, visceralmente, e se disponibiliza a energia psíquica genuína, necessária para ir além, a qual muitas vezes está reprimida e contida nos conflitos e nos mecanismos egoicos.

É, portanto, a partir dessa fase que o indivíduo pode tomar distância, "ver de fora" focar distintos elementos opostos e aperfeiçoar, favorecendo o desapego e criando um vácuo receptivo para a próxima etapa e novas inter-relações.

Se, nesse momento, é favorecida ao indivíduo a sua inteireza pessoal e são valorizados outros aspectos da vida, sobretudo a intuição e a razão, há uma abertura para níveis mais diferenciados de percepção, emergindo, natural e até concomitantemente, a etapa seguinte. Em termos didáticos, podemos dizer que houve uma ampliação de percepção com abertura para o eixo evolutivo e reflexões mais profundas acerca do conhecimento adquirido. O desapego da condição identificada, seja ela de dor, limitação ou de grande prazer e poder, abre as portas da percepção e damos, assim, mais um passo em nosso desenvolvimento por meio da transmutação.

Perguntas poderosas na desidentificação
- Quais habilidades e forças você possui para atuar?
- Qual é realmente o problema aqui, o ponto central?
- Sinta agora quem realmente você é.
- Perceba a diferença entre o que você está de como você é.
- Amplie sua percepção, deixe claro para você.

Etapa 4 – Transmutação

O indivíduo abriu-se para o eixo evolutivo, trazendo as possibilidades de transmutação. Isso vai promover de forma mais intensa as percepções abstratas, as concretas (sensação) e as de síntese (intuição), o que permite relativizar o bem e o mal, saindo do julgamento; é o eixo evolutivo manifestando-se, é a ordem mental superior expressando-se de forma simbólica ou metafórica.

É o momento da percepção da totalidade, do geral e, simultaneamente, do específico, do que é mais particular, tudo se torna relativo. Abandonamos os julgamentos regidos pelo certo ou errado, pelo bom ou mau de nossa mente egoica, o que vai nos permitir sentir o manto da compaixão, a verdadeira caridade com o outro e conosco, um dos valores do ser.

Nessa etapa, temos, portanto, como predominância o valor da compaixão.

A transmutação traz os elementos da polaridade sem julgamentos valorativos. É a energia amorosa sendo despertada, aceitação incondicional de todos os elementos presentes.

Nada é inteiramente bom, nada é inteiramente mau. Eles fazem parte da dança cósmica, e só sua harmonização trará a compaixão, o desenvolvimento e o aprimoramento.

É quando elementos de luz e de sombra estão presentes, todos igualmente necessários, importantes, fazendo parte dessa experiência. É o momento mágico de alquimia. Existe, então, a mudança perceptiva.

É um momento de ebulição psíquica. Desconexão, percepção de outras possibilidades. É o instante em que percebemos diferentes níveis de consciência interagindo. Aspectos de luz e de sombra. Do conflito e da solução. Do limitado para o sem limite.

O indivíduo, tem *insights*, cria condições para o processo de transformação se completar. Ocorre o momento mágico. O nível do supraconsciência emerge, vem à tona se manifestar, consolidando a etapa seguinte.

Elementos da esperança (luz) e desesperança (dor). Aspectos positivos e negativos a serem transformados.

Perguntas poderosas na transmutação
- O que você vai fazer para eliminar esses fatores

externos e internos?
- Se esses fatores internos fossem um personagem, como seria?
- O que eu posso fazer para apoiá-lo?

Numa escala de 1 a 10, qual é seu comprometimento em seguir as ações combinadas? O que impede que seja 10?

Etapa 5 – Transformação

AS SETE ETAPAS DA ABORDAGEM INTEGRATIVA TRANSPESSOAL

TRANSFORMAÇÃO
TRANSMUTAÇÃO
DESIDENTIFICAÇÃO
IDENTIFICAÇÃO
RECONHECIMENTO

Transformar é criar uma nova resposta a uma situação antiga ou a resposta adequada a uma nova situação. É um processo subjetivo, de rendição do ego, entrega; é o eixo evolutivo em ação, é a ação do *self*, é um novo olhar.

O que era já não é mais, tudo mudou, o conhecimento transforma-se em sabedoria. Não se questiona mais, pois já não

ACORDE! Um Eu dorme em Você

há mais inquietações nem dúvidas, há uma entrega à realidade do *self*, não se trata de acreditar ou não, simplesmente é um fato em nosso ser. Sabe-se!

A verdade espiritual revela-se como caminho, manifesta-se a virtude da fé; uma rendição total Àquele que é maior do que todos nós. Não importa o nome que possamos atribuir a essa realidade: Deus, Eu Maior, Cristo interno, Búdico, ou outros. O ego rende-se ao *self*, já não é nosso eu pequeno e limitado que comanda, mas a liberdade de nos submetermos ao pertencimento de algo maior que si mesmo.

É de onde vem a força de vontade de sua vida, e então você se entrega. É uma força de vontade que tem ação e inação. Não é preciso continuar carregando aqueles padrões de comportamento da fase de identificação.

Há a rendição do ego, a entrega ao mistério. É o momento da passagem estreita, escura, às vezes, até mesmo a noite escura da alma. Há que confiar. Confiar e entregar. Não se calcula nem mede, não há como ter previsões do fim. É a força de vontade em sua vida e, ao mesmo tempo, o silêncio.

Nessa etapa estão presentes valores como fé e rendição.

Constata-se, agora, uma resultante diferente da mera soma das partes ou equações de deduções simplesmente lógicas. São paradoxais, lógicas, analógicas, temporais e atemporais. Simplesmente acontecem e trazem agora a mudança, o novo, a transformação.

A situação anterior de conflito é sentida de forma diferente. O indivíduo percebe a situação atual transformada.

Perguntas poderosas na fase de transformação

- Qual opção, ou opções, você escolhe?
- Em que medida ela atende a todos os seus objetivos?
- Quais ações efetivas você decide?
- Qual transformação você deixa claro para si próprio?

Etapa 6 – Elaboração

AS SETE ETAPAS DA ABORDAGEM INTEGRATIVA TRANSPESSOAL

- ELABORAÇÃO
- TRANSFORMAÇÃO
- TRANSMUTAÇÃO
- DESIDENTIFICAÇÃO
- IDENTIFICAÇÃO
- RECONHECIMENTO

Na elaboração, completa-se o eixo experiencial da dimensão vertical do eneagrama, resgatando o sentido da experiência vivida, sem julgamentos preconcebidos ou conceitos estereotipados. A resposta nova incorpora-se na expressão existencial do indivíduo. Ele percebe então o "sentido" do que era adverso. O aprendizado de cunho pessoal sendo exercido e elaborado em seu momento de vida. É a elaboração da perspectiva do *self*.

Nela existe o chamado terceiro olho, a visão do sábio, é o enxergar de um outro lugar, a síntese do ser e do saber, da intuição com a razão, da mente com o coração. Manifesta-se então a equanimidade como aliada, um valor presente na revelação do sentido em nossa existência.

ACORDE! Um Eu dorme em Você

É a apreensão do verdadeiro conhecimento. É a ampliação da perspectiva. O sentimento e a experiência do eu verdadeiro. Os dois olhos unem-se, contemplando a dimensão da vida real.

A transformação do nível precedente traz a elaboração em si. A semente do divino, a verdadeira sabedoria, que é diferente do mero conhecimento teórico, informação lógica ou inflação egoica.

É o saber que tem sabor, que advém do próprio experienciar. É o saber próprio, único, real.

Ficou claro. "Caiu a ficha".

É abandonar o comportamento antigo e assumir um novo comportamento, funcional para o momento atual.

Nesse estágio, os *insights* fazem sentido, há apreensão global da situação. O estado mental é outro, a situação já é outra. O indivíduo sente-se em uma nova etapa. É a presença do eixo evolutivo, dando sentido ao eixo experiencial, completando o quadrante 3 em direção ao quadrante 4 da dinâmica transpessoal. É a experiência plena acontecendo. Só a equanimidade possibilita-nos olhar para nós e para o outro como um legítimo outro especial, único e, ao mesmo tempo, pertencente a todos, parte de nossa humanidade, tanto nos aspectos sombrios como divinos. Ela nos traz a sabedoria essencial que favorece o sétimo passo do caminho evolutivo: a integração no âmbito pessoal e coletivo e em todas as esferas de nossa multidimensionalidade, na ação e na inação, no nascer e no morrer.

Perguntas poderosas para a fase de elaboração
- Imagine que você atingiu suas metas e que o tempo passou, olhe para trás, o que você aprendeu?
- Qual é o sentido disso agora para você?
- Como gostaria de ser lembrado pelas pessoas que ama?

Etapa 7 – Integração

AS SETE ETAPAS DA ABORDAGEM INTEGRATIVA TRANSPESSOAL

- INTEGRAÇÃO
- ELABORAÇÃO
- TRANSFORMAÇÃO
- TRANSMUTAÇÃO
- DESIDENTIFICAÇÃO
- IDENTIFICAÇÃO
- RECONHECIMENTO

Integração é apreender a experiência, expressando-se tanto no plano pessoal como no coletivo. Há uma síntese evolutiva, um aprimoramento do ser, uma comunhão com valores intrínsecos manifestados em sua ação com consciência, é um novo olhar, e o olhar de um novo lugar.

Houve uma apreensão do saber em seus múltiplos níveis existenciais: físico, emocional, mental e espiritual. Há uma nova percepção da realidade, uma nova forma de ser e de estar naquela situação inicial.

Na integração, a perspectiva da sinergia floresce e descobrimos, então, que, ao exercer o bem para o outro, somos os mais recompensados e, quando fazemos um bem a nós mesmos, naturalmente o outro recebe um bem maior, revelando um valor onipresente: o amor, a força infinita que a tudo rege, cria incessantemente valores positivos, traz a plenitude e a paz.

ACORDE! Um Eu dorme em Você

Há uma unidade no ser e no estar no mundo; há uma grande alegria com total gratuidade, a verdadeira alegria de viver a criação do Universo, de existirmos!

É a percepção do sentido espiritual no próprio ato da vida humana, de cada gesto e situação. É a vivência do sentido da experiência integrada no eu pessoal e coletivo. Cada instante é sagrado. Cada ato, fato ou gesto tem um significado especial. Inteiro, saudável, pleno, quando se integram o céu na terra, no corpo e no espírito.

Quando você traz o divino, o verdadeiro sentido da sua vida, mente e matéria tornam-se um contínuo. São pequenas iluminações, pequenos *insights*, pequenos *flashes* integrados, presentes.

É importante vincular com o momento presente. Houve a retrospectiva do passado, a perspectiva do futuro e a integração do aqui e agora.

O indivíduo integrou todo o processo, a nova etapa, ao aqui e agora, à situação de vida atual, sentindo-se mais confiante e mais seguro. Determina os próximos passos em direção à efetivação desse novo momento, com novas percepções, crenças e valores.

Cada vez que isso ocorre, o indivíduo vai ascendendo um grau de autoconhecimento, abarcando aspectos gradativamente mais diferenciados das necessidades físicas, emocionais, cognitivas e espirituais de sua tipologia.

Simultaneamente, isso possibilita que o indivíduo caminhe através dos distintos aspectos das outras tipologias no território mapeado pelo eneagrama, realizando não só o absurdo, mas também a graça da própria condição humana; sente o mistério e a presença daquele que é tudo em todos. Em última instância, poderíamos dizer que o indivíduo vivencia as dualidades e as paixões de cada tipo, justamente para poder chegar a ser aquilo que realmente é: um ser transpessoal. Vai através do pessoal, passa pelo relacional em cada desafio, em cada paixão, e vai para além de seu pequeno eu, sendo o que verdadeiramente é, aquilo que nunca deixou de ser, apenas precisava recordar-se.

É a jornada que sai da unidade indiferenciada para viver

a dualidade, os limites, as "paixões" e a rendição; a aceitação de si tal como é e a aceitação do outro tal como ele é. O perdão e o autoperdão, resgatando a unidade, porém agora com consciência. É o indivíduo mais presente, integrado em si, dentro e fora, pertencente ao Universo, com clareza de seus mecanismos de expansão e retração, de unidade e dualidade. Consciente de seu sopro, de sua própria VIDA!

Perguntas poderosas para a fase de integração

Como você se percebe aqui e agora?

Como sente sua presença, alcances, forças e valores?

Como gostaria de ser lembrado pelas pessoas que ama?

Como alguém dotado de sabedoria compartilha isso?

Como você poder ser uma presença inspiradora?

Confirmação de mudança na fase de integração

O que eu posso fazer para apoiá-lo? Numa escala de 1 a 10, qual é seu comprometimento em seguir as ações combinadas? O que impede que seja 10?

Síntese das sete etapas

ETAPA	DINÂMICA
RECONHECIMENTO	Estimula-se REIS, possibilitando o indivíduo perceber aspectos disfuncionais em seu tipo psicológico e qual é sua meta para mudanças.
IDENTIFICAÇÃO	O indivíduo toma consciência de seu tipo psicológico, reconhece os aspectos a desenvolver. Contextualiza-se, favorecendo a vivência do que é, possibilitando o como, o onde, o quando, o com quem; é o eixo experiencial revelando-se.

ACORDE! Um Eu dorme em Você

DESIDENTIFICA-ÇÃO	Traz o observador externo, separa o "estar" do "ser"; é a abertura para o eixo evolutivo.
TRANSMUTA-ÇÃO	Promove de forma mais intensa a percepção abstrata e concreta (sensação) e a de síntese (intuição). Dessa forma, relativiza-se o bem e o mal, afasta-se do julgamento; e permite o eixo evolutivo manifestar-se, é a ordem mental superior expressando-se de forma simbólica ou metafórica.
TRANSFORMA-ÇÃO	Há uma nova resposta à situação antiga ou uma resposta nova e adequada à situação nova. É um processo subjetivo, de rendição do ego, de entrega; é o eixo evolutivo em ação, é a ação do *self*.
ELABORAÇÃO	A resposta nova incorpora-se na expressão existencial do indivíduo, que capta o "sentido" do que era antes adverso; há o apreender da experiência evolutiva e completa-se o eixo experiencial.
INTEGRAÇÃO	O indivíduo integra sua nova percepção de realidade à dimensão evolutiva, expressando-se tanto no plano pessoal como no coletivo. Há uma síntese do eixo experiencial, um aprimoramento do ser, uma comunhão com valores intrínsecos manifestados na ação com consciência, é um novo olhar e o olhar de um novo lugar.

MEDITAÇÃO E PROGRAMAÇÃO PARA OS TIPOS

Meditação para o número 1

Esta meditação pode ajudar o perfeito, o exigente, a relaxar e sentir-se mais pleno e leve! E entender que cada um é como é.

Louvado sejas, meu Senhor, pela meditação e pela programação que farei agora.
Quero, Senhor, aprender a me observar para conhecer a sabedoria e o poder de sua obra em mim.
Desejo, Senhor, recuperar o que há de sagrado em mim, o que há de fundamental em mim, que se esconde atrás de minha personalidade.
Senhor, nesta meditação foco minha capacidade de concentração e observo minha respiração.
Respiro profundamente e descanso.
Novamente respiro e descanso.
Respiro e descanso.
Descanso e observo meu corpo para que eu tenha a sabedoria e a consciência de suas necessidades e limites.
Quero ter a sabedoria das estações.
Louvado sejas, meu Senhor, pela sabedoria da primavera que surge esplendorosa e perfumada.
Faça comigo, Senhor, o que fazes com as cerejeiras, que eu encontre meu dom, que na primavera eu encontre o propósito de minha vida e, quando a brisa passar, que as pétalas de minhas ações cubram o chão como um tapete precioso, levando perfume e beleza a todos os seres.
Louvado sejas, meu Senhor, pela sabedoria do verão que nos convida a descansar.
Louvado sejas, meu Senhor, pela sabedoria do outono.
Que o outono faça comigo o que ele faz com as folhas, leve o que não cabe mais para dar espaço ao novo.
Louvado sejas, meu Senhor, por este momento que me permite revigorar e renovar.

ACORDE! Um Eu dorme em Você

Desejo, senhor despertar o que há de sagrado em minha personalidade e também as virtudes e as forças que meu tipo me presenteou.

Louvado sejas, meu Senhor, pela sabedoria do inverno que nos convida a acender o fogo para aquecer e nos leva a meditar.

Louvado sejas, meu Senhor, pela sabedoria da noite que me permite descansar e aguardar um novo dia.

Louvado sejas, meu Senhor, pela sabedoria do novo dia que me ilumina e me esclarece o que fazer.

Aceito a sabedoria dos processos que o tempo, as pessoas e eu vivemos.

Sei que não posso contemplar nem beber a sabedoria de todas as estações ao mesmo tempo, ensina-me a observá-la.

Aceito, contemplo e maravilho-me com o início, o meio e o fim das estações.

Senhor, neste momento relaxo, escuto e agradeço meu corpo por tudo que ele me permite experienciar e ampliar meu ser.

Abro minha mente, agora, Senhor, para trabalhar, construir e amar como tu amas e cuida de cada ser.

Reconheço que fiz da melhor forma que me foi possível com a consciência que tinha neste momento, mas quero dar um novo passo em direção à plenitude de tudo que vivo.

Louvado sejas, meu senhor, pelo irmão relaxamento, que me permite cuidar do meu corpo, clarificar meus pensamentos e serenar minhas emoções.

Observo meu corpo e relaxo cada músculo.

Relaxo minha perna direita, pé, coxa e joelho.

Volto minha atenção para a minha respiração e relaxo minha perna esquerda.

Relaxo meus músculos das costas.

Descanso, respiro e coloco atenção em todas as partes do meu corpo.

Relaxo minha respiração, deixando-a suave e tranquila.

Relaxo minha face, esboçando um ar de serenidade e tranquilidade.

Luiz Carlos Garcia & Vera Saldanha

Senhor, ajudai-me a aceitar meus erros e enganos, bem como os erros e enganos dos outros.

Senhor, erros e enganos fazem parte do fluxo natural da vida.

Observo agora minhas emoções e saúdo a raiva em mim.

Louvada sejas, irmã raiva, que me ajuda a observar a vida e me aprofunda no amor divino.

Agradeço minhas emoções por me ensinar que a raiva tem limite.

Louvado sejas, meu Senhor, por me ajudar a aceitar minha raiva, mas sobretudo por saber que é o amor que eu busco e a que é meu desejo verdadeiro.

Senhor, hoje aprendi que a perfeição não é deste mundo.

Louvado sejas, meu senhor, por aprender que a perfeição é para mim apenas uma lembrança de onde eu venho e tudo vem e podemos chegar.

Louvado sejas, meu Senhor, por poder saber e sentir que sou amado pelo meu desejo de melhorar, não pelos atos que eventualmente poderão ser imperfeitos. Quero aceitar agora a imperfeição como forma de melhorar a cada dia.

Louvado sejas, meu Senhor, por aceitar a irmã imperfeição, aceitando pontos de vista e maneiras de fazer as coisas de formas diferentes.

Olharei para os erros e me perdoarei, pois saberei que eles são meus melhores professores.

Louvado sejas, meu Senhor, por saber que posso me perdoar e que perdoo todos os erros e enganos.

Louvado sejas, meu Senhor, por saber que meus erros me ensinam a ter compaixão comigo e com os outros, e ao mesmo tempo eles me mantêm atento para progredir como uma formiguinha.

Louvado sejas, meu Senhor, por ensinar-me a ter segurança, pois sei que eu muitas vezes duvido!

Senhor, hoje fiz o que foi possível dentro dos limites que tudo tem.

Aceito o limite e o tempo para tudo.

ACORDE! Um Eu dorme em Você

Sei que o botão da rosa precisa de tempo para desabrochar.

Aceito o tempo da colheita conforme as estações do ano. Aceito que o botão depende do clima daquela estação, e não somente de meu esforço em conseguir a melhor rosa possível.

Louvado sejas, meu Senhor, por sentir a sabedoria em distinguir o limite da perfeição o suficiente para melhorar o mundo sem estresse e sem depressão, com leveza e harmonia.

Estou aprendendo, Senhor, a não criar sofrimento com minhas exigências exacerbadas.

Quero ser indulgente com os outros e, sobretudo, comigo.

Sou contente, Senhor, com o trabalho bem-feito dentro das possibilidades e dos recursos que possuo.

Louvado sejas, meu Senhor, por aprender a meditar, observar e sentir que sou indulgente comigo mesmo.

Louvado sejas, meu Senhor, por me amar e estar contente comigo.

Eu fiz o que podia e agora mereço descansar profundamente. O dia de hoje basta para mim, é suficiente para minha evolução e crescimento.

Louvado sejas, meu Senhor, pela irmã serenidade, que acalma minha alma.

Louvado sejas, meu Senhor, pelo descanso e pelo silêncio deste momento.

Olá, raiva, quem é você em mim?

Fico em silêncio e escuto o que você tem a me responder.

Agora que a escutei, irmã raiva, transforme-se na paz e na serenidade que o eneagrama me ensinou a ver em ti.

Meditação para o número 2

Esta meditação ajudará o tipo 2 a entender que as necessidades são sempre atendidas e que não receberá mais amor sendo bonzinho.

Louvado sejas, meu Senhor, pela meditação e programação que farei agora.

Quero, Senhor, aprender a me observar para conhecer a sabedoria e o poder de sua obra em mim.

Luiz Carlos Garcia & Vera Saldanha

Desejo, senhor despertar o que há de sagrado em minha personalidade e também as virtudes e as forças que meu tipo me presenteou.

Senhor, nesta meditação foco minha capacidade de concentração e observo minha respiração.

Respiro profundamente e descanso.

Novamente respiro e descanso.

Respiro e descanso.

Louvado sejas, meu Senhor, pelo meu trabalho que me torna melhor e cujo fruto cria bem-estar e consciência.

Louvado sejas, meu Senhor, pela presença da mãe divina, sempre generosa e humilde.

Louvado sejas, meu Senhor, pelo descanso que vivencio.

Louvado sejas, meu Senhor, pelo repouso que me permito agora!

Senhor, ajudai-me neste momento a relaxar.

Descanso e observo meu corpo para que eu tenha a sabedoria e a consciência de suas necessidades e seus limites.

Louvado sejas, meu Senhor, pela mãe terra, que nos alimenta e nos enche de beleza.

Quero ter a sabedoria das estações.

Louvado sejas, meu Senhor, pela sabedoria da primavera que surge esplendorosa e perfumada.

Faça comigo, Senhor, o que fazes com as cerejeiras, que eu encontre meu dom, que na primavera eu encontre o propósito de minha vida e, quando a brisa passar, que as pétalas de minhas ações cubram o chão como um tapete precioso, levando perfume e beleza a todos os seres.

Louvado sejas, meu Senhor, pela sabedoria do verão que nos convida a descansar.

Louvado sejas, meu Senhor, pela sabedoria do outono.

Que o outono faça comigo o que ele faz com as folhas, leve o que não cabe mais para dar espaço ao novo.

Louvado sejas, meu Senhor, por este momento que me permite revigorar e renovar.

ACORDE! Um Eu dorme em Você

Louvado sejas, meu Senhor, pela sabedoria do inverno que nos convida a acender o fogo para aquecer e meditar.

Louvado sejas, meu Senhor, pela sabedoria da noite que me permite descansar e aguardar um novo dia.

Louvado sejas, meu Senhor, pela sabedoria do novo dia que me ilumina e me esclarece o que fazer. Quando devo ajudar e quando devo respeitar o desejo dos outros, aceito a sabedoria do tempo que me ensina a praticar a verdadeira humildade.

Humildade, Senhor, é para mim enxergar com clareza minha compulsão em ajudar e esperar o retorno do amor do outro.

Louvado sejas, meu Senhor, por não necessitar do amor dos outros e saber que sou amado por aquilo que sou, filho de Deus.

Sei que não posso contemplar nem beber a sabedoria de todas as estações ao mesmo tempo, ensina-me a observá-la.

Aceito, contemplo e maravilho-me com o início, o meio e o fim das estações.

Senhor, neste momento relaxo e agradeço por tudo que fiz desinteressadamente.

Abro minha mente agora, Senhor, para trabalhar, construir e amar como tu amas e cuidas de cada ser.

Fiz pelo outro aquilo que me foi possível.

Quero, Senhor, aprender a fazer por mim como tenho facilidade de fazer aos outros.

Louvado sejas, meu senhor, pelo irmão relaxamento, que me permite cuidar do meu corpo, clarificar meus pensamentos e serenar minhas emoções.

Respiro conscientemente, observo meu corpo e relaxo todos os músculos.

Relaxo minha perna direita, pé, coxa e joelho.

Volto minha atenção para a minha respiração e relaxo minha perna esquerda.

Relaxo todos os músculos das costas.

Descanso, respiro e coloco atenção em todas as partes do meu corpo.

Relaxo minha respiração, deixando-a suave e tranquila.

Relaxo minha face, esboçando um ar de gratidão e humildade.

Observo agora minhas emoções e saúdo o orgulho em mim.

Louvado sejas, irmão orgulho, que me ajuda a olhar para o outro e sentir suas necessidades.

Agradeço minhas emoções por me ensinar que o orgulho tem um limite. Ajudar tem seu limite. Não sou a mãe de Deus.

Louvado sejas, meu Senhor, por me ajudar a aceitar meu orgulho, mas sobretudo por saber que o amor incondicional que busco é a humildade, meu desejo verdadeiro.

Louvado sejas, meu Senhor, por ter aprendido hoje que ajudar os outros é para mim apenas uma lembrança de onde eu e tudo vêm e pode chegar.

Saber e sentir que sou amado porque sou filho de Deus, e não pelo desejo de ser reconhecido e elogiado.

Aceito o orgulho e vejo nele a lembrança de que deve permanecer na humildade e no respeito ao espaço do outro. Louvado sejas, meu Senhor, por aceitar a irmã imperfeição.

Olharei para os erros e me perdoarei, pois saberei que eles são meus melhores professores.

Louvado sejas, meu Senhor, por saber que posso me perdoar e que perdoo todos os erros.

Louvado sejas, meu Senhor, por saber que meus erros me ensinam a ter gratidão comigo e com os outros e, ao mesmo tempo, me mantêm atento para progredir como uma formiguinha.

Louvado sejas, meu Senhor, por ensinar-me a ter compaixão comigo, pois sei que eu exagero!

Senhor, hoje fiz o que foi possível dentro dos limites que tudo tem.

Aceito o limite e o tempo para tudo.

Sei que o botão da rosa precisa de tempo para desabrochar.

Aceito o tempo da colheita conforme as estações do ano. Aceito que o botão depende do clima daquela estação, e não somente de meu esforço em conseguir a melhor rosa possível.

ACORDE! Um Eu dorme em Você

Estou aprendendo, Senhor, a não criar sofrimento com minhas exigências exacerbadas.

Quero ser indulgente com os outros e, sobretudo, comigo.

Sou contente, Senhor, com o trabalho bem-feito dentro das possibilidades e dos recursos que possuo.

Louvado sejas, meu Senhor, por me amar e estar contente comigo.

Eu fiz o que podia e agora mereço descansar profundamente.

O dia de hoje basta para mim, é suficiente para minha evolução e meu crescimento.

Louvado sejas, meu Senhor, por aprender a cada dia a não pedir nada em troca.

Quero aprender, Senhor, que a recompensa vem de ti.

Louvado sejas, meu Senhor, pelo descanso e pelo silêncio deste momento.

Louvado sejas, meu Senhor, por estar aprendendo a solicitar e permitir ser ajudado.

Às vezes necessito do cuidado do outro e permitirei ser cuidado.

Ajuda-me, Senhor, a não fixar na ingratidão dos outros e a reconhecer o desejo genuíno do outro em me ajudar, tal como uma mãe cuida de sua filhinha.

Quero, Senhor, aceitar a ajuda, ser cuidado e trocar na reciprocidade.

Louvado sejas, meu Senhor, pela irmã humildade, que sempre presente em minha alma.

Olá, orgulho, quem é você em mim?

Fico em silêncio e escuto o que você tem a me responder.

Agora que o escutei, irmão orgulho, transforme se na humidade e respeito que o eneagrama me ensinou a ver em ti.

Meditação para o número 3

Esta meditação pode ajudar a torná-lo mais verdadeiro e desidentificar-se da necessidade de extrapolar e mentir para si mesmo. Todas as coisas funcionam e se relacionam conforme leis universais.

Louvado sejas, meu Senhor, pela meditação e pela programação que farei agora.

Quero, Senhor, aprender a me observar para conhecer a sabedoria e o poder de sua obra em mim.

Desejo, Senhor, despertar o que há de sagrado em minha personalidade e também as virtudes e as forças que meu tipo me presenteou.

Senhor, nesta meditação focarei em minha capacidade de concentração e observarei minha respiração.

Respiro profundamente e descanso.

Novamente respiro e descanso.

Respiro e descanso.

Descanso e observo meu corpo para que eu tenha a sabedoria e a consciência de suas necessidades e seus limites.

Quero ter a sabedoria das estações.

Louvado sejas, meu Senhor, pela sabedoria da primavera, que surge esplendorosa e perfumada.

Faça comigo, Senhor, o que fazes com as cerejeiras, que eu encontre meu dom, que na primavera eu encontre o propósito de minha vida e quando a brisa passar que as pétalas de minhas ações cubram o chão como um tapete precioso, levando perfume e beleza a todos os seres.

Louvado sejas, meu Senhor, pela sabedoria do verão que me convida a descansar.

Louvado sejas, meu Senhor, pela sabedoria do outono.

Que o outono faça comigo o que ele faz com as folhas, leve o que não cabe mais para dar espaço ao novo.

Louvado sejas, meu Senhor, por este momento que me permite revigorar e renovar.

Louvado sejas, meu Senhor, pela sabedoria do inverno que nos convida a acender o fogo para aquecer e meditar.

Louvado sejas, meu Senhor, pela sabedoria da noite que me permite descansar e aguardar um novo dia.

Louvado sejas, meu Senhor, pela sabedoria do novo dia que me ilumina e me esclarece o que fazer.

ACORDE! Um Eu dorme em Você

Aceito a sabedoria dos processos que o tempo, as pessoas e eu vivemos.

Sei que não posso contemplar nem beber a sabedoria de todas as estações ao mesmo tempo, ensina-me a observá-la.

Aceito, contemplo e maravilho-me com o início, o meio e o fim das estações.

Senhor, neste momento relaxo, escuto e agradeço meu corpo por tudo que ele me permite experienciar e ampliar meu ser.

Trabalhei dentro de meu limite máximo.

Reconheço que fiz da melhor forma que me foi possível, com a consciência que tinha neste momento, mas quero dar um novo passo em direção à plenitude de tudo que vivo.

Louvado sejas, meu Senhor, por me permitir agora parar e relaxar.

Respiro conscientemente, observo meu corpo e relaxo todos os músculos.

Relaxo minha perna direita, pé, coxa e joelho.

Volto minha atenção para a minha respiração e relaxo minha perna esquerda.

Relaxo todos os músculos das costas.

Descanso, respiro e coloco atenção em todas as partes do meu corpo.

Relaxo minha respiração, deixando-a suave e tranquila.

Relaxo minha face, esboçando um ar de verdade e tranquilidade.

Observo agora minhas emoções e saúdo a vaidade em mim.

Louvada sejas, irmã vaidade, que me ajuda a ter forças para prosseguir na vida.

Agradeço ao eneagrama por me mostrar que a vaidade deve ser compreendida e integrada em minha vida.

Louvado sejas, meu Senhor, por me ajudar a aceitar minha vaidade, mas sobretudo por saber que é o amor que eu busco, a verdadeira paz. A verdade é meu desejo fundamental.

Louvado sejas, meu Senhor, por ter aprendido hoje que:

A vaidade é para mim apenas uma lembrança da criança que quer ser amada e valorizada.

Luiz Carlos Garcia & Vera Saldanha

Saber e sentir que sou amado por aquilo que sou em minha essência, pelo desejo verdadeiro de construir um mundo melhor, não pelas aparências e pelos atos que eventualmente aparentam uma fachada de sucesso.

Ajudai-me, Senhor, a aceitar a vaidade e ver nela uma energia que me alimenta com consciência e verdade, levando-me a melhorar em cada novo dia.

Louvado sejas, Senhor, por aceitar a irmã vaidade.

Olharei para a vaidade e entenderei que ela é minha melhor professora.

Louvado sejas, Senhor, por saber que posso fazer o bem a todos e continuar criando oportunidades para mim e para todos.

Louvado sejas, Senhor, por saber que a vaidade me ensina a ter humildade comigo e com os outros e, ao mesmo tempo, me dá energia para que eu e todos possamos progredir como formiguinhas.

Louvado sejas, Senhor, por ensinar-me a ter uma visão clara e verdadeira sobre o que tenho de fazer e não exagerar nas palavras, nos atos e nos comportamentos!

Senhor, hoje fiz o que foi possível dentro dos limites que tudo tem.

Aceito o limite e o tempo para tudo.

Sei que o botão da rosa precisa de tempo para desabrochar.

Aceito o tempo da colheita conforme as estações do ano. Aceito que o botão depende do clima daquela estação, e não somente de meu esforço em conseguir a melhor rosa possível.

Louvado sejas, Senhor, por sentir a sabedoria em distinguir o limite da vaidade, o suficiente para melhorar o mundo sem estresse e sem colocar em risco minha credibilidade e meu compromisso com a verdade.

Estou aprendendo, Senhor, a não criar sofrimento, ilusões e exigências exacerbadas.

Quero aprender a respeitar o outro e ser indulgente com todos os que dependem de mim como líder ou como incentivador.

Estou contente, Senhor, com meu trabalho, que produz

resultados dentro das possibilidades e dos recursos que possuo.

Louvado sejas, meu Senhor, por aprender a meditar, observar e sentir que sou indulgente comigo mesmo.

Louvado sejas, Senhor, por me amar e estar contente comigo.

Eu fiz o que podia e agora mereço descansar profundamente. O dia de hoje basta para mim, é suficiente para minha evolução e meu crescimento.

Louvado sejas, Senhor, pela irmã veracidade, que acalma minha alma.

Louvado sejas, Senhor, pelo descanso e pelo silêncio deste momento.

Olá, ilusão, quem é você em mim?

Fico em silêncio e escuto o que você tem a me responder.

Agora que a escutei, irmã ilusão, transforme-se na verdade e na veracidade que o eneagrama me ensinou a ver em ti.

Meditação para o tipo 4

Esta meditação ajudará o tipo 4 a olhar para dentro de si e reconhecer que tudo que precisa e busca no mundo exterior está dentro de si, que o campo que ele cultiva é tão rico e abundante quanto todos os outros campos.

Louvado sejas, meu Senhor, pela meditação e pela programação que farei agora.

Quero, Senhor, aprender a me observar para conhecer a sabedoria e o poder de sua obra em mim.

Desejo, Senhor, despertar o que há de sagrado em minha personalidade e também as virtudes e as forças que meu tipo me presenteou.

Senhor, nesta meditação focarei em minha capacidade de concentração e observarei minha respiração.

Respiro profundamente e descanso.

Novamente respiro e descanso.

Luiz Carlos Garcia & Vera Saldanha

Respiro e descanso.

Louvado sejas, Senhor, pela mãe terra, que em sua esplendorosa beleza nos enche de encantos.

Louvado sejas, Senhor, pelo descanso e repouso que farei.

Louvado sejas, Senhor, pelo repouso que me permito agora!

Senhor, ajudai-me neste momento a relaxar.

Descanso e observo meu corpo para que eu tenha a sabedoria e a consciência de suas necessidades e seus limites.

Quero ter a sabedoria das estações.

Louvado sejas, Senhor, pela sabedoria da primavera que surge esplendorosa e perfumada.

Faça comigo, Senhor, o que fazes com as cerejeiras, que eu encontre meu dom, que na primavera eu encontre o propósito de minha vida e, quando a brisa passar, que as pétalas de minhas ações cubram o chão como um tapete precioso, levando perfume e beleza a todos os seres.

Louvado sejas, Senhor, pela sabedoria do verão que nos convida a descansar.

Louvado sejas, Senhor, pela sabedoria do outono.

Que o outono faça comigo o que ele faz com as folhas, leve o que não cabe mais para dar espaço ao novo.

Louvado sejas, Senhor, por este momento que me permite revigorar e renovar.

Louvado sejas, Senhor, pela sabedoria do inverno que nos convida a acender o fogo para aquecer e meditar.

Louvado sejas, Senhor, pela sabedoria da noite, que me permite olhar o céu e contemplar as maravilhas do firmamento.

Louvado sejas, Senhor, pela luz do dia que me ilumina e transforma tudo em cores exuberantes e me enche de energia para contemplar sua criação.

Inebriado por tanta beleza, estou aprendendo com a mãe sabedoria a ver o limite que o belo, o tempo, as pessoas e eu temos.

Sei que não posso exigir mais que a sabedoria das estações.

Aceito o início, o meio e o fim das estações. Aceito as estações tal qual cada período apresenta.

ACORDE! Um Eu dorme em Você

Senhor, neste momento relaxo, escuto e agradeço pelo meu corpo, por tudo que ele me permite experienciar e ampliar meu ser.

Abro minha mente, agora, Senhor, para trabalhar, construir e amar como tu amas e cuidas de cada ser.

Reconheço que fiz da melhor forma que me foi possível com a consciência que tinha neste momento, mas quero dar um novo passo em direção à plenitude de tudo que vivo.

Louvado sejas, Senhor, pelo irmão relaxamento, que me permite cuidar do meu corpo, clarificar meus pensamentos e serenar minhas emoções.

Respiro conscientemente, observo meu corpo e relaxo todos os músculos.

Relaxo minha perna direita, pé, coxa e joelho.

Volto minha atenção para a minha respiração e relaxo minha perna esquerda.

Relaxo todos os músculos das costas.

Descanso, respiro e coloco atenção em todas as partes do meu corpo.

Relaxo minha respiração, deixando-a suave e tranquila.

Relaxo minha face, esboçando um ar de equanimidade e tranquilidade.

Observo agora minhas emoções e saúdo a inveja em mim.

Via o belo em todos, em tudo, mas não conseguia vê-lo em mim!

Louvada sejas, irmã inveja, que me ajuda a ter os sentidos ampliados para o que seria a plenitude do amor.

Agradeço minhas emoções por me ensinar que a inveja tem limite.

Louvado sejas, Senhor, por me ajudar a aceitar minha inveja, mas sobretudo por saber que é o amor que eu busco, e a originalidade, que é eu meu desejo verdadeiro.

Senhor, hoje aprendi que a perfeição e a intensidade podem esconder meu verdadeiro desejo. Desejo no fundo de minha alma me sentir uno com a mãe natureza e a beleza do Criador.

Louvado sejas, Senhor, por ter aprendido hoje que:

Luiz Carlos Garcia & Vera Saldanha

A inveja é para mim apenas uma lembrança de tudo que é belo e bom no mundo e em Deus.

Saber e sentir que sou amado pela mãe terra, pela minha família e que recebo tudo que necessito para viver em comunhão com meus irmãos.

Aceito, agora, a inveja e vejo nela o desejo de progredir e mostrar a todos os frutos do esforço, do belo e da abundância que é a experiência em ti.

Louvado seja, Senhor, por aceitar a irmã inveja como uma ferramenta e um estágio evolutivo para sentir e possuir toda a abundância que há em ti.

Olharei para a inveja e saberei que ela é minha primeira e grande professora.

Louvado sejas, Senhor, por saber que a inveja me ensina a ter compaixão. Posso aprender com ela que tu és abundância, e é isso que busco em ti. Posso agora olhar para minha inveja e ver refletida a abundância que há em ti e reconhecê-la dentro de mim.

Senhor, hoje fiz e tive o que foi possível dentro dos limites que tudo tem, mas ampliei meu olhar para o amanhã de possibilidades e as riquezas que emanaram de ti.

Aceito o limite e amplio meu conceito de tempo para tudo.

Sei que o botão da rosa precisa de tempo para desabrochar, e o tempo é a matéria-prima para minha evolução e plenitude.

Acompanho o tempo da colheita conforme as estações do ano. Aceito que o botão depende do clima daquela estação, e não somente de meu desejo de possuir a melhor rosa possível.

Louvado sejas, Senhor, pelo *insight* que me permite entender a inveja como um desejo real de viver o esplendor que sinto em ti.

Estou aprendendo, Senhor, a não criar sofrimentos com minha carência sem fundo!

Quero ser indulgente, ver a relatividade dos fatos e enxergar os outros como realmente são!

ACORDE! Um Eu dorme em Você

Estou contente, Senhor, com a beleza de meu trabalho, dentro das possibilidades e dos recursos que possuo.

Louvado sejas, Senhor, por aprender a meditar, observar e sentir que estou progredindo em consciência e atenção comigo mesmo.

Louvado sejas, Senhor, por me amar e estar contente comigo.

Eu fiz o que podia e agora mereço descansar profundamente.

O dia de hoje basta para mim, é suficiente para minha evolução e meu crescimento.

Louvado sejas, meu Senhor, pela irmã equanimidade, que acalma minha alma.

Louvado sejas, meu Senhor, pelo descanso e pelo silêncio deste momento.

Olá, inveja quem é você em mim?

Fico em silêncio e escuto o que você tem a me responder. Agora que a escutei irmã inveja transforme-se na compaixão e na abundância que o eneagrama me ensinou a ver em ti.

Meditação para o número 5

Esta meditação ajudará o introspectivo a sair um pouco de si e contemplar a beleza do encontro com outros seres humanos. Verá, sentirá e intuirá que o princípio fundamental que perdeu na formação de sua personalidade está espalhado abundantemente por todo o Universo.

Louvado sejas, Senhor, pela meditação e pela programação que farei agora.

Quero, Senhor, aprender a me observar para conhecer a sabedoria e o poder de sua obra em mim.

Desejo, Senhor, despertar o que há de sagrado em minha personalidade e também as virtudes e as forças que meu tipo me presenteou.

Senhor, nesta meditação focarei em minha capacidade de concentração e observarei minha respiração.

Respiro profundamente e descanso.

Novamente respiro e descanso.

Luiz Carlos Garcia & Vera Saldanha

Respiro e descanso.

Descanso e observo meu corpo para que eu tenha a sabedoria e a consciência de suas necessidades e seus limites.

Quero ter a sabedoria das estações.

Louvado sejas, meu Senhor, pela sabedoria da primavera, que surge esplendorosa e perfumada.

Faça comigo, Senhor, o que fazes com as cerejeiras, que eu encontre meu dom, que na primavera eu encontre o propósito de minha vida e, quando a brisa passar, que as pétalas de minhas ações cubram o chão como um tapete precioso, levando perfume e beleza a todos os seres.

Louvado sejas, Senhor, pela sabedoria do verão que nos convida a descansar.

Louvado sejas, Senhor, pela sabedoria do outono.

Que o outono faça comigo o que faz com as folhas, leve o que não cabe mais para dar espaço ao novo.

Louvado sejas, Senhor, por este momento que me permite revigorar e renovar.

Louvado sejas, Senhor, pela sabedoria do inverno, que nos convida a acender o fogo para aquecer e meditar.

Louvado sejas, Senhor, pela sabedoria da noite, que me permite descansar e aguardar um novo dia.

Louvado sejas, Senhor, pela sabedoria do novo dia, que me ilumina e me esclarece o que fazer.

Aceito a sabedoria dos processos que o tempo, as pessoas e eu vivemos.

Sei que não posso contemplar nem beber a sabedoria de todas as estações ao mesmo tempo, ensina-me a observá-la.

Aceito, contemplo e me maravilho com o início, o meio e o fim das estações.

Senhor, neste momento relaxo, escuto e agradeço meu corpo por tudo que ele me permite experienciar e ampliar meu ser.

Abro minha mente, agora, Senhor, para trabalhar, construir e amar como tu amas e cuidas de cada ser.

Reconheço que fiz da melhor forma que me foi possível com a consciência que tinha neste momento, mas quero dar um

ACORDE! Um Eu dorme em Você

novo passo em direção plenitude de tudo que vivo.

Louvado sejas, Senhor, pelo irmão relaxamento, que me permite cuidar do meu corpo, clarificar meus pensamentos e serenar minhas emoções.

Respiro conscientemente, observo meu corpo e relaxo todos os músculos.

Relaxo minha perna direita, pé, coxa e joelho.

Volto minha atenção para a minha respiração e relaxo minha perna esquerda.

Relaxo todos os músculos das costas.

Descanso, respiro e coloco atenção em todas as partes do meu corpo.

Relaxo minha respiração, deixando-a suave e tranquila.

Relaxo minha face, esboçando um ar de desapego, deixando ir o que não necessito mais.

Observo agora minhas emoções e saúdo a avareza em mim.

Louvada sejas, irmã avareza, que me ajuda a ter forças para buscar conhecer e prosseguir na vida.

Agradeço minhas emoções por me ensinar que a avareza tem limite.

Louvado sejas, Senhor, por me ajudar a aceitar minha avareza, mas sobretudo por saber que é o encontro amoroso que eu busco, e a paz comigo e com o outro, que é meu desejo verdadeiro.

Senhor, aprendi que não é deste mundo.

Louvado sejas, Senhor, por ter aprendido hoje que:

A avareza é para mim um meio, uma lembrança do verdadeiro conhecimento que eu coleciono e busco.

Saber e sentir que sou amado pelo meu Senhor independentemente do que tenho ou conheço, que fui amado pelos meus pais antes de ter e conhecer.

Aceitar agora a avareza como forma de buscar o amor e transmitir o amor.

Louvado sejas, Senhor, por aceitar a irmã avareza.

Olharei para os erros e me perdoarei, pois saberei que eles são meus melhores professores.

Louvado sejas, Senhor, por saber que a avareza me ensinou

a conhecer e sobretudo a ter compaixão comigo e com os outros, e ao mesmo tempo manter-me atento para progredir no amor como uma formiguinha.

Louvado sejas, Senhor, por ensinar-me a ter compaixão comigo, pois sei que eu te busco na escassez.

Senhor, hoje fiz o que foi possível dentro dos limites que o conhecimento tem.

Aceito o limite e o tempo para tudo.

Sei que o botão da rosa precisa de tempo para desabrochar.

Aceito o tempo da colheita conforme as estações do ano. Aceito que o botão depende do clima daquela estação, e não somente de meu esforço em conseguir a melhor rosa possível.

Louvado sejas, Senhor, por sentir a sabedoria em distinguir o limite da busca da perfeição. Buscarei o suficiente para melhorar o mundo sem estresse e sem depressão, com leveza e harmonia.

Estou aprendendo, Senhor, a não criar sofrimento com minha busca exagerada de conhecimento.

Quero ser indulgente com os outros e, sobretudo, sou contente, Senhor, com o trabalho dentro das possibilidades e dos recursos que possuo.

Louvado sejas, Senhor, por aprender a meditar, observar e sentir que sou indulgente comigo mesmo.

Louvado sejas, Senhor, por me amar e estar contente comigo.

Eu fiz o que podia e agora mereço descansar profundamente. O dia de hoje basta para mim, é suficiente para minha evolução e meu crescimento.

Louvado sejas, Senhor, pelo irmão desapego, que acalma minha alma.

Louvado sejas, meu Senhor, pelo descanso e pelo silêncio deste momento.

Olá, avareza, quem é você em mim?

Fico e silencio e escuto o que você tem a me responder.

Agora que a escutei, irmã avareza, transforme-se no desprendimento e na paz que o eneagrama me ensinou a ver em ti.

ACORDE! Um Eu dorme em Você

Meditação para o número 6

Esta meditação e programação ajudará o tipo 6 a sentir e entender que o princípio fundamental que perdeu de vista na formação de sua personalidade é a fé. A fé é a energia principal que ele traz em si e está disponível no momento em que ele a recuperar.

Louvado sejas, meu Senhor, pela meditação e pela programação que farei agora.

Quero, Senhor, aprender a me observar para conhecer a sabedoria e o poder de sua obra em mim.

Desejo, Senhor, despertar o que há de sagrado em minha personalidade e também as virtudes e as forças que meu tipo me presenteou.

Senhor, nesta meditação focarei em minha capacidade de concentração e observarei minha respiração.

Respiro profundamente e descanso.

Novamente respiro e descanso.

Respiro e descanso.

Louvado sejas, Senhor, pela sabedoria da primavera, que surge esplendorosa e perfumada.

Faça comigo, Senhor, o que fazes com as cerejeiras, que eu encontre meu dom, que na primavera eu encontre o propósito de minha vida e, quando a brisa passar, que as pétalas de minhas ações cubram o chão como um tapete precioso, levando perfume e beleza a todos os seres.

Louvado sejas, Senhor, pela sabedoria do verão, que nos convida a descansar.

Louvado sejas, Senhor, pela sabedoria do outono.

Que o outono faça comigo o que faz com as folhas, leve o que não cabe mais para dar espaço ao novo.

Louvado sejas, Senhor, por este momento que me permite revigorar e renovar.

Louvado sejas, Senhor, pela sabedoria do inverno, que nos convida a acender o fogo para aquecer e meditar.

Louvado sejas, Senhor, pela sabedoria da noite, que me permite descansar e aguardar um novo dia.

Louvado sejas, Senhor, pela sabedoria do novo dia, que me

ilumina e me esclarece o que fazer.

Aceito a sabedoria dos processos que o tempo, as pessoas e eu vivemos.

Sei que não posso contemplar nem beber a sabedoria de todas as estações ao mesmo tempo, ensina-me a observá-la.

Aceito, contemplo e maravilho-me com o início, o meio e o fim das estações.

Senhor, neste momento relaxo, escuto e agradeço meu corpo por tudo que ele me permite experienciar e ampliar meu ser.

Abro minha mente, agora, Senhor, para trabalhar, construir e amar como tu amas e cuidas de cada ser.

Reconheço que fiz da melhor forma que me foi possível com a consciência que tinha neste momento, mas quero dar um novo passo em direção à plenitude de tudo que vivo.

Louvado sejas, Senhor, pelo irmão relaxamento, que me permite cuidar do meu corpo, clarificar meus pensamentos e serenar minhas emoções.

Respiro conscientemente, observo meu corpo e relaxo todos os músculos.

Relaxo minha perna direita, pé, coxa e joelho.

Volto minha atenção para a minha respiração e relaxo minha perna esquerda.

Relaxo todos os músculos das costas.

Descanso, respiro e coloco atenção em todas as partes do meu corpo.

Relaxo minha respiração, deixando-a suave e tranquila.

Relaxo minha face, esboçando um ar de coragem e tranquilidade.

Observo agora minhas emoções e saúdo o medo em mim.

Louvado sejas, Senhor, pelo irmão medo, que me dá coragem e forças para prosseguir na vida.

Agradeço minhas emoções por me ensinar que o medo me torna prudente e cria limites e me protege do abismo.

Louvado sejas, Senhor, por me ajudar a aceitar meu medo, mas, sobretudo, por saber que é a coragem minha irmã de

ACORDE! Um Eu dorme em Você

alma, meu verdadeiro desejo.

Louvado sejas, Senhor, por ter aprendido hoje que:

O medo é para mim apenas uma lembrança de algo que estou readquirindo: minha coragem.

Saber e sentir que tenho coragem para amar!

Aceitar agora a imperfeição como forma de melhorar a cada dia.

Louvado sejas, Senhor, por aceitar o irmão medo.

Olharei para meu medo e saberei que ele é meu grande professor.

Louvado sejas, Senhor, por saber que meus medos me ensinam a ter fé, e ao mesmo tempo me mantêm atento para progredir como uma formiguinha.

Louvado sejas, meu Senhor, por ensinar-me a ter compaixão comigo, pois sei que eu exagero!

Senhor, hoje fiz o que foi possível dentro dos limites que tudo tem.

Aceito o limite e o tempo para tudo.

Sei que o botão da rosa precisa de tempo para desabrochar.

Aceito o tempo da colheita conforme as estações do ano. Aceito que o botão depende do clima daquela estação, e não somente de meu esforço em conseguir a melhor rosa possível.

Louvado sejas, Senhor, por sentir a sabedoria em distinguir o limite da perfeição o suficiente para melhorar o mundo sem estresse e sem depressão, com leveza e harmonia.

Estou aprendendo, Senhor, a não criar sofrimento com minhas exigências exacerbadas.

Quero ser indulgente com os outros e sobretudo comigo.

Sou contente, Senhor, com o trabalho bem-feito dentro das possibilidades e dos recursos que possuo.

Louvado sejas, Senhor, por aprender a meditar e observar e sentir que sou indulgente comigo mesmo.

Louvado sejas, Senhor, por me amar e estar contente comigo.

Eu fiz o que podia e agora mereço descansar profundamente.

O dia de hoje basta para mim, é suficiente para minha

evolução e meu crescimento.

Louvado sejas, Senhor, pela irmã coragem, que acalma minha alma.

Louvado sejas, Senhor, pelo descanso e pelo silêncio deste momento.

Olá, medo, quem é você em mim?

Fico em silêncio e escuto o que ele tem a me responder.

Agora que o escutei, irmão medo, transforme-se na coragem que o eneagrama me ensinou a ver em ti.

Meditação para o número 7

Esta meditação e programação ajudará o tipo 7 a reconquistar o princípio fundamental de sua espiritualidade, perdido quando da formação de sua personalidade.

Louvado sejas, Senhor, pela meditação e pelo programação que farei agora.

Quero, Senhor, aprender a me observar para conhecer a sabedoria e o poder de sua obra em mim.

Desejo, Senhor, despertar o que há de sagrado em minha personalidade e também as virtudes e as forças que meu tipo me presenteou.

Senhor, nesta meditação focarei em minha virtude sobriedade e observarei minha respiração.

Respiro profundamente e descanso.

Novamente respiro e descanso.

Respiro e descanso.

Descanso e observo meu corpo para que eu tenha a sabedoria e a consciência de suas necessidades e seus limites.

Quero ter a sabedoria das estações.

Louvado sejas, Senhor, pela sabedoria da primavera, que surge esplendorosa e perfumada.

Faça comigo, Senhor, o que fazes com as cerejeiras, que eu encontre meu dom, que na primavera eu encontre o propósito de minha vida e, quando a brisa passar, que as pétalas de minhas ações cubram o chão como um tapete precioso, levando perfume e beleza a todos os seres.

ACORDE! Um Eu dorme em Você

Louvado sejas, Senhor, pela sabedoria do verão, que nos convida a descansar.

Louvado sejas, meu Senhor, pela sabedoria do outono.

Que o outono faça comigo o que faz com as folhas, leve o que não cabe mais para dar espaço ao novo.

Louvado sejas, Senhor, por este momento que me permite revigorar e renovar.

Louvado sejas, Senhor, pela sabedoria do inverno, que nos convida a acender o fogo para aquecer e meditar.

Louvado sejas, Senhor, pela sabedoria da noite, que me permite descansar e aguardar um novo dia.

Louvado sejas, Senhor, pela sabedoria do novo dia, que me ilumina e me esclarece o que fazer.

Aceito a sabedoria do limite do tempo do prazer, das gargalhadas, o limite que as pessoas e eu temos e contemplo minha sobriedade.

Sei que não posso contemplar nem beber a sabedoria de todas as estações ao mesmo tempo, ensina-me a observá-la.

Aceito, contemplo e me maravilho com o início, o meio e o fim das estações.

Senhor, neste momento relaxo, escuto e agradeço meu corpo por tudo que ele me permite experienciar e ampliar meu ser.

Abro minha mente, agora, Senhor, para trabalhar, construir e amar como tu amas e cuidas de cada ser.

Reconheço que fiz da melhor forma que me foi possível com a consciência que tinha neste momento, mas quero dar um novo passo em direção à plenitude de tudo que vivo.

Louvado sejas, Senhor, pelo irmão relaxamento, que me permite cuidar do meu corpo, clarificar meus pensamentos e serenar minhas emoções.

Respiro conscientemente, observo meu corpo e relaxo todos os músculos.

Relaxo minha perna direita, pé, coxa e joelho.

Volto minha atenção para a minha respiração e relaxo minha perna esquerda.

Relaxo todos os músculos das costas.

Descanso, respiro e coloco atenção em todas as partes do meu corpo.

Relaxo minha respiração, deixando-a suave e tranquila.

Relaxo minha face, deixando que a inocência transparece em meu semblante.

Observo agora minhas emoções e saúdo a gula em mim.

Louvada sejas, irmã gula, que me ajuda a ver as infinitas possibilidades que o mundo tem e, assim, ter forças para prosseguir na vida.

Agradeço minhas emoções por me ensinar que a gula tem limite.

Louvado sejas, Senhor, por me ajudar a aceitar minha gula, mas sobretudo por saber que é a sobriedade que eu busco, e a paz meu desejo verdadeiro.

Senhor, hoje aprendi que a perfeição não é deste mundo.

Louvado sejas, meu Senhor, por ter aprendido hoje que:

A gula é para mim apenas uma lembrança da abundância que o Universo possibilita a cada ser humano.

Saber e sentir que sou amado no equilíbrio.

Aceitar agora a imperfeição como forma de melhorar a cada dia.

Louvado seja, Senhor, por aceitar a irmã sobriedade.

Olharei para os erros e me perdoarei, pois saberei que eles são meus melhores professores.

Louvado sejas, Senhor, por saber que posso me perdoar e que perdoo todos os erros.

Louvado sejas, Senhor, por saber que meus erros me ensinam a ter compaixão comigo e com os outros, e ao mesmo tempo eles me mantêm atento para progredir como uma formiguinha.

Louvado sejas, meu Senhor, por ensinar-me a ter segurança no que faço, pois sei que eu exagero!

Senhor, hoje fiz o que foi possível dentro dos limites que tudo tem.

Aceito o limite e o tempo para tudo.

Sei que o botão da rosa precisa de tempo para desabrochar.

Aceito o tempo da colheita conforme as estações do ano.

ACORDE! Um Eu dorme em Você

Aceito que o botão depende do clima daquela estação, e não somente de meu esforço para conseguir a melhor rosa possível.

Louvado sejas, Senhor, por sentir a sabedoria em distinguir o limite da perfeição o suficiente para melhorar o mundo sem estresse e sem depressão, com leveza e harmonia.

Estou aprendendo, Senhor, a não criar sofrimento com minhas exigências exacerbadas.

Quero ser indulgente com os outros e sobretudo comigo.

Sou contente, Senhor, com o trabalho bem-feito dentro das possibilidades e dos recursos que possuo.

Louvado sejas, Senhor, por aprender a meditar e observar e sentir que sou indulgente comigo mesmo.

Louvado sejas, Senhor, por me amar e estar contente comigo.

Eu fiz o que podia e agora mereço descansar profundamente. O dia de hoje basta para mim, é suficiente para minha evolução e meu crescimento.

Louvado sejas, Senhor, pela irmã sobriedade, que serena minha alma.

Louvado sejas, Senhor, pelo descanso e pelo silêncio deste momento.

Olá, gula, quem é você em mim?

Fico em silêncio e escuto o que você tem a me responder.

Agora que a escutei irmã gula, transforme-se na sobriedade e equilíbrio que o eneagrama me ensinou a ver em ti.

Meditação para o número 8

Esta meditação ajudará o tipo 8 a recuperar o princípio fundamental que perdeu ao longo da formação de sua personalidade. Todas as pessoas são, em essência, inocentes e querem o bem de todos. Os desvios são estratégias malsucedidas de acertar o alvo.

Louvado sejas, Senhor, pela meditação e pela programação que farei agora.

Quero, Senhor, aprender a me observar para conhecer a sabedoria e o poder de sua obra em mim.

Desejo, Senhor, despertar o que há de sagrado em minha

personalidade e também as virtudes e as forças que meu tipo me presenteou.

Senhor, nesta meditação foco minha capacidade de concentração e observo minha respiração.

Respiro profundamente e descanso.

Novamente respiro e descanso.

Respiro e descanso.

Senhor, ajudai-me neste momento a relaxar.

Descanso e observo meu corpo para que eu tenha a sabedoria e a consciência de suas necessidades e limites.

Quero ter a sabedoria das estações.

Louvado sejas, Senhor, pela sabedoria da primavera, que surge esplendorosa e perfumada.

Faça comigo, Senhor, o que fazes com as cerejeiras, que eu encontre meu dom, que na primavera eu encontre o propósito de minha vida e, quando a brisa passar, que as pétalas de minhas ações cubram o chão como um tapete precioso, levando perfume e beleza a todos os seres.

Louvado sejas, Senhor, pela sabedoria do verão, que nos convida a descansar.

Louvado sejas, meu Senhor, pela sabedoria do outono.

Que o outono faça comigo o que faz com as folhas, leve o que não cabe mais para dar espaço ao novo.

Louvado sejas, Senhor, por este momento que me permite revigorar e renovar.

Louvado sejas, Senhor, pela sabedoria do inverno, que nos convida a acender o fogo para aquecer e meditar.

Louvado sejas, Senhor, pela sabedoria da noite, que me permite descansar e aguardar um novo dia.

Louvado sejas, Senhor, pela sabedoria do novo dia, que me ilumina e me esclarece o que fazer.

Aceito a sabedoria dos processos que o tempo, as pessoas e eu vivemos.

Sei que não posso contemplar e beber a sabedoria de todas as estações ao mesmo tempo, ensina-me a observá-la.

ACORDE! Um Eu dorme em Você

Aceito, contemplo e me maravilho com o início, o meio e o fim das estações.

Senhor, neste momento relaxo, escuto e agradeço meu corpo por tudo que ele me permite experienciar e ampliar meu ser.

Abro minha mente, agora, Senhor, para trabalhar, construir e amar como tu amas e cuidas de cada ser.

Reconheço que fiz da melhor forma que me foi possível com a consciência que tinha neste momento, mas quero dar um novo passo em direção à plenitude de tudo que vivo.

Louvado sejas, Senhor, pelo irmão relaxamento, que me permite cuidar do meu corpo, clarificar meus pensamentos e serenar minhas emoções.

Respiro conscientemente, observo meu corpo e relaxo todos os músculos.

Relaxo minha perna direita, pé, coxa e joelho.

Volto minha atenção para a minha respiração e relaxo minha perna esquerda.

Relaxo todos os músculos das costas.

Descanso, respiro e coloco atenção em todas as partes do meu corpo.

Relaxo minha respiração, deixando-a suave e tranquila.

Relaxo minha face, permitindo que a verdade divina proteja-me da vingança.

Observo agora minhas emoções e saúdo a luxúria em mim.

Olá, luxúria, quem é você em mim?

Louvada sejas, irmã luxúria, que me ajuda a ter forças para prosseguir na vida.

Agradeço minhas emoções por me ensinar que a luxúria tem limite.

Louvado sejas, Senhor, por me ajudar a aceitar minha luxúria, mas sobretudo por saber que é o amor que eu busco, e a paz que é eu meu desejo verdadeiro.

Senhor, hoje aprendi que a perfeição não é deste mundo.

Louvado sejas, Senhor, por ter aprendido hoje que:

A perfeição é para mim apenas uma lembrança de onde eu

venho e tudo vem e pode chegar.

Saber e sentir que sou amado pelo meu desejo de melhorar.

Aceitar agora a imperfeição como forma de melhorar a cada dia.

Louvado sejas, Senhor, por aceitar a irmã imperfeição.

Olharei para os erros e me perdoarei, pois saberei que eles são meus melhores professores.

Louvado sejas, Senhor, por saber que posso me perdoar e que perdoo todos os erros.

Louvado sejas, Senhor, por saber que meus erros me ensinam a ter compaixão comigo e com os outros, e ao mesmo tempo eles me mantêm atento para progredir como uma formiguinha.

Louvado sejas, meu Senhor, em ensinar-me a ter compaixão comigo, pois sei que eu exagero!

Senhor, hoje fiz o que foi possível dentro dos limites que tudo tem.

Aceito o limite e o tempo para tudo.

Sei que o botão da rosa precisa de tempo para desabrochar.

Aceito o tempo da colheita conforme as estações do ano. Aceito que o botão depende do clima daquela estação, e não somente de meu esforço em conseguir a melhor rosa possível.

Louvado sejas, Senhor, por sentir a sabedoria em distinguir o limite da perfeição o suficiente para melhorar o mundo sem estresse e sem depressão, com leveza e harmonia.

Estou aprendendo, Senhor, a não criar sofrimento com minhas exigências exacerbadas.

Quero ser indulgente com os outros e sobretudo comigo.

Sou contente, Senhor, com o trabalho bem-feito dentro das possibilidades e dos recursos que possuo.

Louvado sejas, Senhor, por aprender a meditar, observar e sentir que sou indulgente comigo mesmo.

Louvado sejas, Senhor, por me amar e estar contente comigo.

Eu fiz o que podia e agora mereço descansar profundamente.

ACORDE! Um Eu dorme em Você

O dia de hoje basta para mim, é suficiente para minha evolução e meu crescimento.

Louvado sejas, meu Senhor, pela irmã inocência, que me torna mais fraterno e calmo.

Olá, irmã luxúria, quem é você em mim?

Fico em silêncio e escuto o que você tem a me responder.

Agora que a escutei irmã luxúria, transforme-se na inocência e prudência que o eneagrama me ensinou a ver em ti

Meditação e programação para o número 9

Esta meditação e programação ajudará o tipo 9 a recuperar o princípio fundamental que perdeu na formação de sua personalidade. Todos os seres estão ligados por um estado de amor e união.

Louvado sejas, Senhor, pela meditação e pela programação que farei agora.

Quero, Senhor, aprender a me observar para conhecer a sabedoria e o poder de sua obra em mim.

Desejo, Senhor, despertar o que há de sagrado em minha personalidade e também as virtudes e as forças que meu tipo me presenteou.

Senhor, nesta meditação focarei no amor divino que me impulsiona a ação e observarei minha respiração.

Minha respiração me liga ao pulmão do mundo, e a fonte do ar que respiramos és tu, Senhor.

Respiro profundamente e descanso.

Novamente respiro e descanso.

Respiro e descanso.

Senhor, ajudai-me neste momento a relaxar.

Descanso e observo meu corpo para que eu tenha a sabedoria e a consciência de suas necessidades e limites.

Quero ter a sabedoria das estações.

Louvado sejas, meu Senhor, pela sabedoria da primavera, que surge esplendorosa e perfumada.

Faça comigo, Senhor, o que fazes com as cerejeiras, que eu

encontre meu dom, que na primavera eu encontre o propósito de minha vida e, quando a brisa passar, que as pétalas de minhas ações cubram o chão como um tapete precioso, levando perfume e beleza a todos os seres.

Louvado sejas, Senhor, pela sabedoria do verão, que nos convida a descansar.

Louvado sejas, Senhor, pela sabedoria do outono.

Que o outono faça comigo o que ele faz com as folhas, leve o que não cabe mais para dar espaço ao novo.

Louvado sejas, Senhor, por este momento que me permite revigorar e renovar.

Louvado sejas, Senhor, pela sabedoria do inverno, que nos convida a acender o fogo para aquecer e meditar.

Louvado sejas, Senhor, pela sabedoria da noite, que me permite descansar e aguardar um novo dia.

Louvado sejas, meu Senhor, pela sabedoria do novo dia que me ilumina e me esclarece o que fazer.

Aceito a sabedoria dos processos que o tempo, as pessoas e eu vivemos.

Sei que não posso contemplar nem beber a sabedoria de todas as estações ao mesmo tempo, ensina-me a observá-la.

Aceito, contemplo e me maravilho com o início, o meio e o fim das estações.

Senhor, neste momento relaxo, escuto e agradeço meu corpo por tudo que ele me permite experienciar e ampliar meu ser.

Abro minha mente, agora, Senhor, para trabalhar, construir e amar como tu amas e cuidas de cada ser.

Reconheço que fiz da melhor forma que me foi possível com a consciência que tinha neste momento, mas quero dar um novo passo em direção à plenitude de tudo que vivo.

Louvado sejas, Senhor, pelo irmão relaxamento, que me permite cuidar do meu corpo, clarificar meus pensamentos e serenar minhas emoções.

Respiro conscientemente, observo meu corpo e relaxo todos os músculos.

ACORDE! Um Eu dorme em Você

Relaxo minha perna direita, pé, coxa e joelho.
Volto minha atenção para a minha respiração e relaxo minha perna esquerda.
Relaxo todos os músculos das costas.
Descanso, respiro e coloco atenção em todas as partes do meu corpo.
Relaxo minha respiração, deixando-a suave e tranquila.
Relaxo minha face, esboçando um ar de coragem e desejo de realizar meu trabalho com tranquilidade.
Observo agora minhas emoções e saúdo a indolência.
Louvada sejas, irmã indolência, que me ajuda a ter sabedoria para prosseguir na vida.
Agradeço minhas emoções por me ensinar que a indolência tem limite.
Louvado sejas, Senhor, por me ajudar a aceitar minha preguiça, mas sobretudo por saber que é o amor que eu busco, e a paz que é eu meu desejo verdadeiro.
Senhor, hoje aprendi que a perfeição não é deste mundo.
Louvado sejas, Senhor, por ter aprendido hoje que:
A perfeição é para mim apenas uma lembrança de onde eu e tudo vêm e pode chegar.
Saber e sentir que sou amado pelo meu desejo de melhorar, não pelos atos que eventualmente podem serem imperfeitos.
Aceitar agora a imperfeição como forma de melhorar a cada dia.
Louvado sejas, Senhor, por aceitar a irmã imperfeição.
Olharei para os erros e me perdoarei, pois saberei que eles são meus melhores professores.
Louvado sejas, Senhor, por saber que posso me perdoar e que perdoo todos os erros.
Louvado sejas, Senhor, por saber que meus erros me ensinam a ter compaixão comigo e com os outros, e ao mesmo tempo eles me mantêm atento para progredir como uma formiguinha.
Louvado sejas, Senhor, em ensinar-me a ter compaixão

comigo, pois sei que eu exagero!

Senhor, hoje fiz o que foi possível dentro dos limites que tudo tem.

Aceito o limite e o tempo para tudo.

Sei que o botão da rosa precisa de tempo para desabrochar.

Aceito o tempo da colheita conforme as estações do ano. Aceito que o botão depende do clima daquela estação, e não somente de meu esforço em conseguir a melhor rosa possível.

Louvado sejas, Senhor, por sentir a sabedoria em distinguir o limite da perfeição, o suficiente para melhorar o mundo sem estresse e sem depressão, com leveza e harmonia.

Estou aprendendo, Senhor, a não criar sofrimento com minhas exigências exacerbadas.

Quero ser indulgente com os outros e sobretudo comigo.

Sou contente, Senhor, com o trabalho bem-feito dentro das possibilidades e dos recursos que possuo.

Louvado sejas, Senhor, por aprender a meditar, observar e sentir que sou indulgente comigo mesmo.

Louvado sejas, Senhor, por me amar e estar contente comigo.

Eu fiz o que podia e agora mereço descansar profundamente. O dia de hoje basta para mim, é suficiente para minha evolução e meu crescimento.

Louvado sejas, Senhor, pela irmã ação, que realiza o que tenho de fazer e acalma minha alma.

Louvado sejas, meu Senhor, pelo descanso e pelo silêncio deste momento.

Olá, indolência, quem é você em mim?

Fico em silêncio e escuto o que você tem a me responder

Agora que a escutei, irmã indolência, transforme-se em ação e no amor que o eneagrama me ensinou a ver em ti.

REFERÊNCIAS

ASSIS, Machado de. *A igreja do diabo*. Volume de contos. Rio de Janeiro: Garnier, 1884.

CECCON, Rodrigo Pereira; HOLANDA, Adriano Furtado. *Programa de Pós-Graduação em Psicologia*. Universidade Federal do Paraná (UFPR).

CUNHA, Domingos. *Crescendo com o eneagrama na espiritualidade*. São Paulo: Paulus, ANO.

DANIELS, David; PRICE, Virginia. *Essência do eneagrama*. São Paulo: Pensamento, ANO.

DESCAMPS, Mar-Alain. *L'Énnéagramme sacre*. Aurora.

GINGER, Lapid-Bogda. *Liderança e o eneagrama*. São Paulo: Cultrix, ANO.

Interlocução entre Rudolf Otto, Carl Gustav Jung e Victor Whitei-Dialogue among Rudolf Otto, Carl Gustav Jung and Victor White. *El diálogo entre Rudolf Otto, Carl Gustav Jung y Victor White.*

JUNG, Carl Gustav. *Psychological types*. Princeton: Princeton University Press, 1971.

KAHNEMAN, Daniel. *Rápido e devagar: duas formas de pensar*. Rio de Janeiro: Objetiva, 2012.

LELOUP, Jean-Yves; WEIL, Pierre; CREMA, Roberto. *Normose: a patologia da normalidade*. Campinas: Verus, 2003.

_____. *Caminhos da realização*. Petrópolis: Vozes, ANO.

MATURANA, Humberto R. *Emoções e linguagem na educação e na política*. Belo Horizonte: Editora da UFMG, 1998.

_____; REZEPKA, S. N. *Formação humana e capacitação*. Petrópolis: Vozes, 2000.

_____; VARELA, Francisco G. *A árvore do conhecimento: as bases biológicas do entendimento humano*. São Paulo: Palas Athena, 2001.

NARANJO, Claudio. *Os nove tipos de personalidade: um estudo do caráter humano através do eneagrama*. Rio de Janeiro: Objetiva, 1997.

PALMER, Helen. *O eneagrama: compreendendo a si mesmo e aos outros em sua vida*. São Paulo: Paulinas, 1993

RISO, Don Richard. *Tipos de personalidade: el eneagrama para descubrirse a si mesmo*. Santiago: Cuatro Vientos, 1994

ROHR, Richard; EBERT, Andreas. *O eneagrama*. Petrópolis: Vozes, ANO.

SALDANHA, Vera. *Psicologia transpessoal*. Ijuí: Editora da Unijuí, 2015.

Impressão e acabamento
Rotermund
Fone (51) 3589 5111
comercial@rotermund.com.br